WOLFGANG THIELMANN

Feste feiern

Wie man christliche Feiertage heute begehen kann

neukirchener verlag

Bibliografische Information der Deutschen Nationalbibliothek:
Die Deutsche Nationalbibliothek verzeichnet diese Publikation in der Deutschen Nationalbibliografie; detaillierte bibliografische Daten sind im Internet über http://dnb.d-nb.de abrufbar.

Umschlaggestaltung: mm design mario moths, Marl
unter Verwendung eines Bildes von © Nora Schwarz, Köln (aredapple.com)
Lektorat: Dorothee Dziewas, Bad Schwalbach
DTP: Magdalene Krumbeck, Wuppertal
Verwendete Schrift: Scala
Gesamtherstellung: GGP Media GmbH, Pößneck
Printed in Germany
ISBN 978-3-7615-6496-7 (Print)
ISBN 978-3-7615-6497-4 (E-Book)

www.neukirchener-verlage.de

Inhalt

Geleitwort

HEINRICH BEDFORD-STROHM,
geboren 1960, ist Ratsvorsitzender der Evangelischen Kirche in Deutschland und Landesbischof der Evangelisch-Lutherischen Kirche in Bayern.
Foto © ELKB-Rost

Ende Oktober 2017 kam in Deutschland eine Stimmung auf, wie sie sonst nur zu Weihnachten und Ostern zu spüren ist. Der bundesweite Sonderfeiertag zum Reformationstag unterbrach den Alltag. Viele Menschen freuten sich über einen geschenkten freien Tag. Aber viele nutzten ihn auch, um den Anlass für diesen freien Tag mitzufeiern. Lange Schlangen vor den Kirchen bildeten sich überall in Deutschland. Niemand hatte diesen Andrang erwartet, darauf zu hoffen gewagt. Natürlich war das ein ganz besonderer Feiertag. Aber dass an Feiertagen die Kirchen voll sind, kennen wir auch sonst. In den vergangenen Jahren waren die Gottesdienste zu Weihnachten und Ostern regelmäßig gut besucht. Ist das ein neuer Trend? Sicher ist in jedem Fall: Kirchliche Festtage sind ganz offensichtlich tiefer im gesellschaftlichen Gedächtnis verankert, als es der immer wieder angestimmte Abgesang auf die verschwindende christliche Prägung unseres Landes hätte erwarten lassen. Ob die Sehnsucht nach heilsamer Unterbrechung eines immer rastloser werdenden Lebens nicht in Wahrheit wächst? Provozieren die Härten einer auf volle Verfügbarkeit des Menschen setzenden globalisierten und digitalisierten Ökonomie nicht geradezu eine Gegenreaktion? Das Anliegen des vorliegenden Buches, den Spuren der christlichen Festtage im persönlichen und gesellschaftlichen Leben nachzugehen, ist also hochaktuell.

Die jüdisch-christliche Tradition hat eine kostbare soziale und kulturelle Errungenschaft hervorgebracht: „Sechs Tage sollst du arbeiten und alle deine Werke tun. Aber am siebenten Tag ist der Sabbat des HERRN, deines Gottes. Da sollst du keine Arbeit tun, auch nicht dein Sohn, deine Tochter, dein Knecht, deine Magd, dein Rind, dein Esel, all dein Vieh, auch nicht dein Fremdling, der in deiner Stadt lebt, auf dass dein Knecht und deine Magd ruhen gleichwie du" (5. Mose 5, 13–14). Dieses soziale Schutzgebot hat Eingang in die Sozialkultur unserer Gesellschaft gefunden. Es ist eine wertvolle soziale und kulturelle Errungenschaft, die es zu schützen gilt. Sonn- und Feiertage gehören zu den fundamentalen Beiträgen des Christentums zur Kultur unserer Gesellschaft. In ihrer humanisierenden Funktion sind sie eine Chance für eine Gesellschaft im Wandel und dienen der Gesellschaft im Ganzen. Sie sind kein Überbleibsel einer vergangenen Epoche. Sonn- und Feiertage geben dem Zeitempfinden einen Rhythmus und gewähren einen regelmäßigen Freiraum. Auf diese Weise verhelfen sie zu dem notwendigen Abstand vom Alltag. Sie bieten einen Raum, sich die wichtigen und entscheidenden Fragen bewusst zu machen: Wer bin ich? Wohin gehe ich? Aus welcher Quelle lebe ich? Wofür lohnt es sich zu leben? Sie bieten ebenso Raum für herausgehobene, festlich gestaltete Begegnungen mit anderen.

Vor diesem Hintergrund bin ich sehr dankbar für das gemeinsame Engagement von Kirchen und Gewerkschaften für den Sonntagsschutz in Deutschland. Gerade in den Feiertagen wird die lebensdienliche und soziale Dimension unserer religiösen Tradition greifbar. Sonn- und Feiertagsruhe markieren eine wesentliche Grundlage für die Rekreationsmöglichkeiten des Menschen und zugleich für ein gelingendes soziales Zusammenleben, so urteilte das Bundesverfassungsgericht 2009. Weiter heißt es: „Die Gewährleistung von Tagen der Arbeitsruhe und der seelischen Erhebung ist darauf ausgerichtet, den Grundrechtsschutz – auch im Sinne eines Grundrechtsvoraussetzungsschutzes – zu stärken, und konkretisiert insofern die aus den jeweils einschlägigen Grundrechten folgenden staatlichen Schutzpflichten." Zu den großen Gefahren einer sich immer schneller drehenden Wirtschaft gehört, dass die Ökonomie von der Dienerin zur Herrin wird. Nicht der Mensch ist für die Wirtschaft da, sondern die Wirtschaft ist für den Menschen da. Deswegen haben die Menschen einen Anspruch auf verlässliche Zeiten, in denen sie nicht der Wirtschaft dienen müssen. Wir haben in Deutschland viel materiellen Wohlstand erreicht. Dafür können wir dankbar sein. Und es ist wichtig, dass wir daran arbeiten, dass dieser materielle Wohlstand auch wirklich allen zugutekommt. Aber als Land insgesamt ist die Steigerung des materiellen Wohlstands nicht mehr das Wichtigste. Das viel wichtigere Ziel heute ist neben einer gerechteren Verteilung die Steigerung des Beziehungswohlstands. Die Menschen brauchen Zeit füreinander, sodass die sozialen Beziehungen neue Kraft bekommen. Niemand muss sich wundern, wenn Familien auseinanderbrechen, weil es keine Tage mehr gibt, bei denen man sich darauf verlassen kann, dass alle Zeit haben. Der Sonntag ist eine solche Zeit und er soll es bleiben.

Ich danke Wolfgang Thielmann für die Initiative zu diesem Buch im Jahr 2018, in dem die EKD auf die Bedeutung der christlichen Feiertagskultur hinweisen will. Den Autorinnen und Autoren gilt mein besonderer Dank. Ihre Beiträge zeigen, wie sehr die christliche Feiertagskultur die Menschen und ihr Miteinander in unserem Land bis auf den heutigen Tag prägt.

Vorwort:
Warum feiern wir?

WOLFGANG THIELMANN, *geboren 1954, ist Journalist, Publizist und Pastor.*

Bis heute kann ich kaum beschreiben, was es ausmachte. Für ein paar Stunden tauchten wir in eine andere Welt ein. Mit einer Gruppe Journalisten besuchte ich eine Siedlung in der Nähe der thailändischen Hauptstadt Bangkok. Ein christliches Hilfswerk hatte sie übernommen und für behinderte Frauen, Männer und Kinder eingerichtet. Die Siedlung war in einen flachen See gebaut. Häuser und breite Laufgänge dazwischen standen auf Stelzen, ohne Geländer. Ab und zu sprangen Kinder ins Wasser. Sie konnten stehen. Aber ich mochte mir nicht vorstellen, wie sauber das Wasser war. Auf der Veranda vor einem Haus bereiteten Vater, Mutter und eine blinde Tochter von vielleicht fünfzehn Jahren das Mittagessen zu. Von einem quer einmündenden Laufgang kam uns ein Mann entgegen. Ein Oberkörper, der auf einem Skateboard saß und sich mit den Händen abstieß. Er lachte uns aus vollem Hals entgegen. Die wenigsten, die uns begegneten, konnten ein für unsere Vorstellungen normales Leben führen. Ihnen fehlten Glieder, sie trugen riesige Narben, sie konnten nur einfachste Dinge tun.

Von den dreien, die das Mittagessen herrichteten, ging Ruhe aus. Freundlich lächelten sie der Journalistengruppe zu.

Wohin wir kamen, die Leute hielten inne und wandten sich uns zu, immer mit einem Lächeln, einem Gruß, ein paar Worten, deren Bedeutung wir nicht verstanden, aber deren Sinn uns sofort aufging: Freundlichkeit, die keine Sprachbarrieren kennt. Willkommenskultur zu erfahren, ist ein technisches Wort für das anrührendste Gefühl, das du haben kannst. Sie freuten sich auf eine fröhliche und zugleich gelassene Art, dass wir da waren. Das Elend, das wir sahen und über das wir berichten sollten, spielte keine Hauptrolle mehr. Wichtig war, dass wir zu Besuch kamen. Und wie wir empfangen wurden.

Das zu erleben, verzauberte uns. Klaus, der Fotograf, der später eine Sportlerin managte. Bernhard, der Stiernacken aus Augsburg, der schon als Kriegsberichterstatter in Afrika gearbeitet hatte. Beat, der Wirtschaftsjournalist aus Zürich. Leute, die jeder Situation gewachsen waren. Die hier traf uns ins Herz. Sie nahm uns gefangen. Wir waren gekommen, um Material zu sammeln für Reportagen aus der Dritten Welt und um Leuten zuhause zu zeigen, wo und wie sie helfen können, damit Menschen etwas bekommen, was ihnen fehlt. Hier bekamen wir geschenkt, was uns fehlte. Wir unterbrachen den Alltag der Leute und sie unseren. Wir gingen über die Bohlen an den schlichten Häusern vorbei. Immer begegnete uns Freundlichkeit. Das Willkommen trug uns durch die Siedlung.

Im Zentrum des Dorfs stand eine Kirche. Die Regie hatte uns so eingeteilt, dass wir zur Gottesdienstfeier eintrafen. Hinter uns hatte sich eine Schlange gebildet und zog in die Kirche ein, als wir Platz genommen hatten. Schwatzend, rufend und singend feierte die Gemeinde die Liturgie mit. Wir verstanden nichts. Aber wir bekamen alles mit. Laut lobten die Leute Gott, inbrünstig fielen sie ins Gebet ein. Lebhaft bestätigen sie jeden Satz des Predigers.

Es war nicht von dieser Welt. Ein paar Momente lang waren Grenzen aufgehoben und wir alle Mitglieder derselben Familie. Und es war richtig, dass der Besuch mit einer Gottesdienstfeier endete.

Leider fehlte etwas, das die Begegnung vollends zum Fest werden ließ: Der Plan verhinderte, dass wir uns zusammen an einen Tisch setzten. Wir wurden schon in einer Mädchenschule ein paar Kilometer erwartet. Es gab daher bloß einen kleinen Imbiss für uns. Wie gern hätten wir mit den Leuten draußen geteilt, hätten Zeit mit ihnen verbracht. Wie gern wären wir länger mit ihnen zusammen gewesen.

Winkend verabschiedete uns die Gemeinde. Wir liefen zurück über die Bohlengänge zu unserem Boot. Am Ende hielt Bernhard, der Kriegsberichterstatter an. Und bat mich, zu beten. Für die Leute hier, aber auch für uns. „Das war ein Fest", sagte er. „Das werde ich mein Leben lang nicht vergessen."

Mir ist an diesem Fast-Fest klar geworden, warum wir feiern. Vielleicht liegt darin der Sinn der Feste, dass sie uns wegtragen, dass sie uns entführen und anders wieder zurückbringen, weil wir zusammen gelacht und geweint und Erinnerungen erschaffen haben, die uns stark machen. Feste entführen uns aus dem Erwartbaren, aus dem Gewohnten. Feste holen uns auch heraus aus der Angst, nicht angenommen zu sein, unseren Platz erst erkämpfen oder verdienen zu müssen. Das eint Feiern von Weihnachten bis zum Christopher Street Day, vom Kindergeburtstag bis zur Eisernen Hochzeit. Oder bis zur Aussegnung am Ende des Lebens. Deshalb geben sie uns Kraft.

Davon handelt dieses Buch. Ich habe Freunde gebeten aufzuschreiben, wie sie feiern, warum sie es tun, was sie dabei beobachten und was ihnen die Feste geben. Es ist eine Sammlung voller Fantasie, voller Geheimnisse und voller Tradition geworden. Ich wünsche mir, dass sie Leserinnen und Lesern neue Ideen gibt, dass die Autoren Anregungen vermitteln, wie man feiern kann, wie man alte und weniger alte Traditionen aufgreifen kann und sie mit eigenen Ideen anreichert, sodass sie uns in eine neue Zeit begleiten können: In verschiedenen Generationen, mit Familie und ohne. Wie man Kräfte gewinnt, indem man in Menschen investiert, sich trifft und Zeit miteinander verbringt, um zu entdecken, wie viel Kapital im Leben der Menschen liegt, mit denen zusammen wir feiern. Dazu habe ich für jedes Fest eine Einführung geschrieben.

Weil Feste uns Kraft geben, haben Kinder und Erwachsene zum Beispiel den Wunsch, dass Weihnachten nicht aufhört. Deshalb reisen sie in die Weihnachtsdörfer vom finnischen Rovaniemi in Lappland, in der Nähe des Polarkreises, bis ins Erzgebirge mit seinen Schwibbögen und Pyramiden oder das Käthe-Kruse-Weihnachtsdorf in Rothenburg ob der Tauber. Oder ins „Bronner's Christmas Wonderland" in Frankenmuth nördlich von Detroit mit 8 000 Quadratmetern Verkaufsfläche und 1 500 Parkplätzen. Dessen 2008 gestorbener Chef Wallace Bronner sagte: „Das Wichtigste ist, dass wir unsere Herzen dekorieren."

Deko ohne Herz hat der Schriftsteller Heinrich Böll beschrieben. In seiner Satire „Nicht nur zur Weihnachtszeit" prangerte er eigentlich die fehlende Selbstkritik seiner katholischen Kirche im Blick auf die Nachkriegszeit an. Schauplatz ist die Weihnachtszeit. Die schrullige Tante Milla verhindert das Abschmücken des Weihnachtsbaums mit unausgesetztem Schreien. Die Ärzte können ihr nicht helfen. Dann löst ihr Mann, Onkel Franz, das Problem und verordnet ihr und der übrigen Familie die tägliche Feier des Heiligen Abends über zwei Jahre lang. Die „Tannenbaumtherapie" hilft ihr. Der Engel auf der Tannenspitze flüstert ohne Pause „Frieden, Frieden, Frieden" und schreddert damit die Familie. Deren Mitglieder kriegen Tobsuchtsanfälle, sie wandern nach Afrika aus, wechseln vom Katholizismus zum Kommunismus. Schließlich lassen sie sich durch arbeitslose Schauspieler und endlich durch Wachspuppen vertreten. Als Einzige geht Tante Milla unversehrt aus der Geschichte hervor. Man kann die Satire als vergifteten Wunsch nach ehrlichen, unverstellten Feiern lesen.

Denn auch Ehrlichkeit gehört dazu. Feste verdecken keine Unversöhnlichkeit und keinen Hass. Sie schmecken falsch, wenn wir Unversöhnlichkeiten mitnehmen und Streit anhäufen. Sie mahnen uns, unser Leben aufzuräumen und Frieden zu machen mit Menschen und mit Zuständen. Ohne Feste könnten wir sie länger mit uns herumschleppen. Und Feste machen uns stark, gegen die Unaufgeräumtheit zu kämpfen.

Die meisten Feste, die wir feiern, haben mit dem Christentum zu tun, das den Kontinent eineinhalbtausend Jahre geprägt hat. Oft hat sich die Kreativität der Menschen gegen die Kirche durchgesetzt. Das anschauliche Weihnachten hat das ältere Ostern entthront, das eigentliche Hauptfest der Christenheit. Die katholische Kirche strich 1969 den Valentinstag aus ihrem Festkalender. Aber eine Koalition aus Liebenden und Floristen hat ihn zu neuem Leben erweckt. Selbst Halloween, der Vorabend von Allerheiligen, mit seinen Gruselmasken weckt Fantasie und treibt das Schreckliche aus, indem wir es nachvollziehen und darüber lachen, wenn wir zusammen sind. Die Kirchen waren so klug, ihren Widerstand dagegen aufzugeben, besonders die evangelische, die Konkurrenz zum Reformationsfest am gleichen Tag witterte. Christen fürchten mitunter, dass der Kommerz, vor allem zu Weihnachten, die Botschaft der Geschichte vom Stall in Bethlehem verdeckt. Deshalb kritisieren sie es, wenn die Supermärkte schon im September Lebkuchen in die Regale stellen. Oder sie protestieren, wenn Atheisten das Tanzverbot am Karfreitag durchbrechen wollen. Doch die Feiern des Christentums sind tief im kulturellen Gedächtnis verankert und unverwüstlich. Eine Mehrheit der Deutschen findet das Tanzverbot richtig.

Neue Generationen feiern aber anders als die alten, weil ihr Leben anders geworden ist. Dieses Buch macht den Reichtum sichtbar, der darin liegt. Es will alte und neue Festtage vorstellen und die, die sie heute begehen. Die sich in die Tradition stellen, indem sie sie aufnehmen und weiterentwickeln, die Neues entdecken, den Strang der Überlieferung vielleicht in Fasern teilen und sie anders wieder zusammenflechten.

Was Fachleute heute das „Kirchenjahr" nennen, hat sich über Jahrhunderte entwickelt und verändert sich weiter. Das heute katholische Fronleichnamsfest wird seit dem 13. Jahrhundert begangen. Die Trauertage vor der Adventszeit stammen aus dem Mittelalter. 1952 kam der Volkstrauertag dazu.

Öffentliche Feiertage in Deutschland kommen bis auf den 1. Mai und den 3. Oktober aus dem Christentum. Bayern liegt mit 14 gesetzlichen Feiertagen an der Spitze, kein Bundesland hat weniger als neun, und acht feiern alle Länder gemeinsam. Zudem ist Deutschland das einzige Land der Welt, in dem die Feiern und der Sonntag, also die Feier des Wochenbeginns, in der Verfassung verankert sind. Ihr Schutz gelangte aus der Weimarer Reichsverfassung ins Grundgesetz. Der alte Begriff aus dem Text von Weimar trifft es genau, wenn er den Sinn der geschützten Tage beschreibt: Sie dienen der „Arbeitsruhe und der seelischen Erhebung". Nichts aushalten, nichts aussitzen, sondern aufstehen und feiern. Ganz besonders müssen die Kirchen wachhalten, was Feste bedeuten und was wir an ihnen haben.

Und das Essen gehört dazu. Juden feiern viele ihrer großen Feste am Familientisch, Muslime genauso. Christen gehen in die Kirche. Doch sie setzen sich gern wie alle anderen zusammen und essen. Das kommt auch bei ihnen aus der Religion. Zum Anrührendsten, was über Jesus berichtet wird, gehört, dass er sich bei Ausgestoßenen einlud, an ihren Tisch kam und sich von ihnen bekochen und bewirten ließ. In seinen Gleichniserzählungen kommt, wenn es wirklich wichtig wird, oft ein Festmahl vor.

Die Referenzgeschichte dazu steht schon am Beginn der Hebräischen Bibel, im zweiten Buch Mose. Noch bevor Mose allein auf den Berg steigt, um die steinernen Gesetzestafeln in Empfang zu nehmen, erklimmen die siebzig Ältesten Israels mit ihm gemeinsam die Anhöhe und sehen Gott. Ausnahmsweise dürfen sie ihn in Augenschein nehmen, ohne dass sie vergehen, wie die Erzählungen der Alten androhen. Und sie erblicken einen Moment von überirdischer Schönheit. Nachher können sie nicht mehr erzählen, wie Gott ausgesehen hat. Nur die Umgebung haben sie noch in Erinnerung: „Unter seinen Füßen war es wie eine Fläche von Saphir und wie der Himmel, wenn es klar ist."

Was kann man danach noch tun, wenn man Gott gesehen hat, wenn man dem Geheimnis des Lebens auf der Spur war? Was die Ältesten taten, hat allen Feiern, die wir begehen, ihr Vorbild gegeben: „Und als sie Gott geschaut hatten, aßen und tranken sie."

Bonn, im März 2018
Wolfgang Thielmann

Advent

Unsere Feste sind ein Mix. Die Kirche hat einen Anteil daran. Und die Tradition, in der wir aufgewachsen sind und die wir weitertragen. Das nennt man Brauchtum. Und unser Erfinderinnen- und Erfindergeist. Mit dem greifen wir Eindrücke aus der Kindheit und später auf und kombinieren sie mit neuen Ideen, die wir mitbekommen oder die uns selbst einfallen. Wenn es gut läuft, schaffen alle drei zusammen Feiern, in denen wir zuhause sind. Und streifen Fremdheit und Langeweile ab und damit die Teile der Feste, die uns hoffen ließen oder jetzt noch lassen, dass das Fest schnell vorübergeht. Manchmal muss man aber einen unangenehmen Teil ertragen, der anderen gefällt.

In meiner Kindheit war das meine Großtante. Wir Kinder mochten sie. Meine Mutter freute sich darauf, dass sie wieder fuhr. Denn solange sie uns besuchte, fühlte sich meine Mutter im eigenen Haus nicht zuhause. Die Großtante, selbst kinderlos, wusste, wie man Kinder erzieht, und sprach ausgiebig davon. Meine Mutter fühlte sich unter Dauerkritik, erzählte sie später.

Es gibt beim Feiern keine ein für alle Mal feststehenden Bestandteile. Es gab eine Zeit, als noch niemand zu Weihnachten „O du fröhliche“ sang oder „Stille Nacht“, weil die Lieder noch nicht geschrieben waren. Vielleicht werden sie eines Tages abgelöst, weil uns andere mehr zu Herzen gehen.

Und immer hat das Brauchtum zurückgewirkt bis in die Kirche. Der letzte Riesenerfolg beim Rückwirken war der Adventskranz. Er ist kein heidnisches Symbol, das wieder in die Kirche eingewandert ist. Solche gefälschten Herkunftsgeschichten verdanken wir der Nazi-Propaganda. Sie wollte den großen Festen „germanische" oder „nordische" Wurzeln unterschieben: Der Weihnachtsbaum zum Beispiel habe aus vorchristlichen Zeiten überlebt. Das ist Unsinn. Die ersten Weihnachtsbäume sind im christlichen 16. Jahrhundert im hessischen Stockstadt und im elsässischen Straßburg bezeugt. Was an Weihnachten nordisch ist, kommt von IKEA.

Auch der Adventskranz ist kein vorchristliches Radsymbol, das für die Unendlichkeit des Lebens steht, wie es manchmal heißt. Erfunden hat ihn Johann Hinrich Wichern, ein umtriebiger Student der evangelischen Theologie. Vom sozialen Elend seiner Zeit gepackt, übernahm er 25-jährig 1833 in Horn vor den Toren Hamburgs, da, wo heute der Autobauer BMW Pferderennen veranstaltet, ein altes Bauernanwesen, das Rauhe Haus, und richtete ein „Rettungshaus" für Jugendliche aus dem sozialen Brennpunkt Hamburg-St. Georg ein, da, wo heute der Hauptbahnhof steht.

Wicherns Erziehungsprinzip war revolutionär: Zehn bis zwölf Zöglinge leben mit einem Betreuer zusammen, der für sie wie ein „älterer Bruder" sein soll. Aus diesen Brüdern entsteht später die erste evangelische Diakonenschaft. Schon im Folgejahr nimmt Wichern ein zweites Haus in Gebrauch. Die Betreuung umfasst Schule und Vorbereitung auf eine handwerkliche Lehre.

Um die Jungen für die christliche Leitkultur zu gewinnen, macht Wichern im Advent „Kerzenandachten". Jeden Tag wird eine weitere entzündet, rot an normalen Tagen, eine dickere weiße an den Sonntagen. 1839 steckt er die Kerzen auf einen Holzreif, den er an einen Kronleuchter hängt. Seine Jungen schmücken den nackten Reifen später mit Tannenzweigen.

Wichern blieb seinem Rauhen Haus verbunden, auch wenn

er bald auf Reisen ging, um die überall aufbrechenden sozialen Einrichtungen der evangelischen Kirchen zu vernetzen. Dadurch gab er 1848 in Wittenberg den Anstoß zur Gründung des heutigen Diakonischen Werks mit 450 000 Beschäftigten. Und inspirierte 49 Jahre später Lorenz Werthmann, den ebenfalls umtriebigen Commissarius des (katholischen) Freiburger Erzbischofs Thomas Nörber. Werthmann rief den Caritasverband für das katholische Deutschland ins Leben. Beide sind heute die größten Arbeitgeber in Deutschland nach dem Staat.

Wichern trat, immer noch ohne theologischen Abschluss, 1857 als Dezernent für das Strafanstalts- und Armenwesen ins preußische Innenministerium und zugleich in den Berliner Oberkirchenrat ein. Denn damals wurde die Kirche noch beim Staat verwaltet.

Nach Wicherns Tod 1881 ging der Adventskranz auf seinen Siegeszug gen Süden. Um 1925 soll er, inzwischen mit nur noch vier Kerzen, die Konfessionsgrenze übersprungen haben und in einer katholischen Kirche in Köln gesichtet worden sein. Zehn Jahre später wurden erste Kränze für den Hausgebrauch kirchlich geweiht. In orthodoxen Familien hat der Kranz übrigens sechs Kerzen – weil da die Adventszeit zwei Wochen länger dauert.

Man kann daraus lernen, dass die Kirchen einander viel näher sind, als man vermutet. Und dass das, was unveränderlich festzustehen schein, gar nicht so unveränderlich ist. Vielleicht erfindet eine der Leserinnen dieser Zeilen gerade einen Brauch, den wir in zwei Generationen in ganz Europa übernommen haben.

Alexander Brüggemann stellt ein Beispiel vor, wie er seine Adventszeit neu zusammengestellt hat. Mit Anleihen aus einer anderen Kirche.

Mischen impossible? Von wegen.

Sing's auf Anglikanisch – versandkostenfrei, ohne Like-Button

ALEXANDER BRÜGGEMANN, *geboren 1968, wurde in einer lebendigen katholischen Gemeinde im Geist des Zweiten Vatikanischen Konzils (1962–1965) sozialisiert. Er studierte Geschichte und Theologie und arbeitet als Redakteur bei der Katholischen Nachrichten-Agentur (KNA) in Bonn.*

Engländer feiern zu Weihnachten fröhlich Geburtstag – den wichtigsten von allen.

Ich bin katholisch. Mein Weihnachten sollte klar sein. O du fröhliche. Papstmesse. In dulci jubilo. Stille Nacht, immer so gemacht, seit 1818. Ich will ja auch gar nicht widerwillig sein oder über Gebühr bockig. Doch ich fürchte, irgendwann ist irgendwas in mir gestorben an diesem Geburts-Tag. War es das Marzipan Anfang September? Das klotzblöde Hohoho im Radio? Die Null-Prozent-Weihnachtsfinanzierung mit extra breiten Winterreifen schon zum Auftakt der Herbstferien? Süßer die Kassen nie klingeln wohnt hier nicht mehr. Haut mir ab mit eurer Zuckerwatte, euren Youtube-Filmchen und dem Christkind, gebettet ins Amazon-Paket mit Plastikdämmung. Hier unterschreiben.

Zum Glück habe ich einen Rettungsanker gefunden. Falsch: zwei eigentlich. Irgendwann kurz nach 2000 muss das gewesen sein. Ich nenne sie seitdem meine beiden Zündstufen auf dem Weg zum Heiligabend. Und beide sind englisch, ziemlich englisch sogar. Die erste Zündstufe findet etwa Mitte Dezember statt und heißt „Festival of Nine Lessons and Carols". Ein liturgisches Highlight: Bei diesem traditionellen Adventsgottesdienst wechseln neun Schriftlesungen aus dem Alten und Neuen Testament ab mit den schönen englischen Weihnachtsliedern, die aus vollem Herzen mitgesungen werden. Diese Tradition wird 2018 genau 100 Jahre alt. War die Idee, die Männer aus der Kneipe zu locken mit einer neuen, gesangsbetonten Form der Liturgie, die sogar auf Moralpredigten verzichtet? Oder war es ein akademischer Spleen, entsprungen einem professoralen Hirn des ehrwürdigen King's College in Cambridge? Sei's drum – heute ist es eine seit 1918 weltweit von der BBC übertragene Tradition, die Engländer überall auf der Welt über die Frequenzen des Staatssenders empfangen können – ob im tiefsten Afrika oder mitten auf Nordpol-Expedition.

Ich selbst warte nicht auf das BBC-Original aus Cambridge, sondern feiere mit der lokalen anglikanischen Gemeinde in Bonn, deren Chor sich größte Mühe gibt mit der Auswahl anspruchsvoller Lieder und ihrer Performance. Der Funke springt über, und eine glückliche Feiergemeinde bleibt hinterher noch bei Mince-Pie (Süßgebäck) und Glühwein zusammen. Die Bonner anglikanische Gemeinde hat kürzlich ihr 175-Jahr-Jubiläum gefeiert – denn ihre Wurzeln sind weit älter als Nachkriegsbesatzung und Bundeshauptstadt. Sie sind literarischer und touristischer Art. Am Anfang stand die Rheinromantik.

Und das kam so: Die Erfindung der Dampfmaschine hatte im ausgehenden 18. Jahrhundert die Grundlage für die Entwicklung von Massentransportmitteln gelegt. Dampfschiff und Eisenbahn eröffneten die Ära des Tourismus. Die Rheinromantik, kräftig befördert durch die „Rheinreise" von 1835, den ersten Reiseführer von Karl Baedeker (1801–1859), brachte damals zahlreiche Briten (teils dauerhaft) nach Bonn. „Kings and governments may err, but never Mr Baedeker", so hieß es:

Könige und Regierungen können sich irren, aber niemals Herr Baedeker.

(Die Anglikaner, ganz grob gesagt eine Zwischenform zwischen Katholizismus und Protestantismus, sind vor allem in England, dem Commonwealth sowie in früheren britischen Kolonien beheimatet. Die anglikanische Kirche entstand, als sich König Heinrich VIII. im Streit um seine Ehescheidung von Rom lossagte und eine englische Staatskirche gründete – mit sich selbst als Oberhaupt. Nachdem die beiden Weltkriege und damit die deutsch-britische Kriegsgegnerschaft die Gemeinde schwächten, kamen in der britischen Besatzungszeit und der „Bonner Republik“ Botschafts- und Militärangehörige sowie Journalisten neu hinzu. Traditionell enge Beziehungen gibt es bereits seit den 1870er-Jahren zur altkatholischen Kirche, deren Bischof in Bonn ansässig ist. Die anglikanische Gemeinde heute ist international bunt gemischt. Viele sind mit einem deutschen Partner verheiratet, manche auch beruflich hier. Es gibt Mitglieder aus Indien, Taiwan, Jamaika, Wales und Schottland. Hinzu kommen einige anglophile Deutsche und solche, die ihrer eigentlichen Gemeinde den Rücken gekehrt haben.)

Vor allem in der Adventszeit gibt es gute Gelegenheiten, anglikanisches Leben kennenzulernen – etwa beim traditionellen Weihnachtsbasar mit britischen Lebensmitteln wie Christmas Pudding, Chutneys und Currys, selbst gemachten Marmeladen, Knallbonbons („Christmas Crackers“), mit englischen Büchern, Weihnachtskarten und Selbstgenähtem. Ich liebe Skurriles – vor allem, wenn es das, was ich ohnehin gut finde, durch neue Facetten bereichert. Und das trifft noch mehr auf meine „zweite Zündstufe“ zu.

Eine Kollegin nahm mich vor vielen Jahren mit zu einem Konzert einer deutschen Folkband, das immer am Abend des 23. Dezember stattfindet und überschrieben ist mit „Weihnachts- und Segenslieder aus dem Alten England“. „Die englische Weihnachtstradition ist nicht so schwer und ernst wie die deutsche", meint der Folkmusiker Claus von Weiß. „Und sie hat nicht diesen Depri-Touch, wie das bei uns manchmal der Fall ist. Da wird kräftig Geburtstag gefeiert – und zwar der wichtigste von allen." Diese weihnachtliche Fröhlichkeit zieht von Weiß, im richtigen Leben mittlerweile Berufsschulpfarrer im Ruhestand, und seine beiden Mitstreiter von „Morris Open" seit Jahrzehnten an. Mit seinen mal schrägen, mal freudestrahlenden, mal stillen „Christmas Carols", mit englischen Weihnachtstänzen, Segensliedern und Aventüren nimmt das Trio das deutsche Publikum mit auf eine adventliche Brauchtumsreise. Die gesungenen Überlieferungen erzählen von Prahlern, Bösewichten und Magiern, von skurrilen Legenden und Gebräuchen. Etwa im Lied „Cherry Tree Carol", das von der schwangeren Maria auf dem Esel berichtet, die – von einem übellaunigen Josef geführt – durch einen Obstgarten reitet und Lust auf frische Kirschen bekommt. Doch Josef weist ihre Bitte barsch zurück, unter Verweis auf sein Zipperlein. Solle sich doch der darum kümmern, der ihr das Kind angehängt habe. Gesagt, getan: Das noch ungeborene Jesuskind bittet Gottvater, seiner lieben Mutter das Kernobst zu beschaffen – und ein Windstoß biegt den höchsten Ast des höchsten Baums bis zu ihr herunter. Gern erzählt und singt von Weiß auch die Geschichte von „Herod and the Cock". Demnach aß der römische Statthalter Herodes gerade ein halbes Hähnchen, als er von den drei Weisen aus dem Morgenland die „Frohe Botschaft" von der Geburt eines neuen Königs erhielt. „Wenn das wahr ist, dann soll dieser Hahn hier aufstehen und wieder zu krähen anfangen", soll er entsetzt ausgerufen haben – und der Hahn „schüttelte die dicke Soße ab und krähte". Solcherlei Sagen und Gestalten gibt es ungezählte, und ebenso viele uralte Gebräuche, die – teils noch heidnischen Ursprungs – die britische Advents- und Weihnachtszeit bereichern.

Dazu gehören auch die Wassail-Sänger. Sie ziehen mit einer leeren Schüssel von Haus zu Haus und singen gegen heiße oder kalte Starkgetränke und einen kleinen Imbiss Segenslieder für das „Haus", also für den Hausherrn, seine Frau und das ganze Gesinde. Das hat einen durchaus sozialen Hintergrund: Im Mittelalter wurden viele Handwerker in der Winterzeit arbeitslos und versuchten, sich mit Naturalspenden oder dem „wassail penny" durchzuschlagen. Oder das sogenannte „Morris Dancing", jene ausgelassenen Tänze am „Boxing Day", dem zweiten Weihnachtstag. Immer wieder versuchten Fürsten und Regierungen, dem Feierbrauch durch Verbote beizukommen; so etwa der Puritaner Oliver Cromwell. Dennoch: Bis heute können am Boxing Day durchaus „die Luftschlangen ausgepackt werden", so von Weiß. Eine vergleichsweise „heftige Fröhlichkeit".

Doch die meisten Lieder und Bräuche bleiben nicht in der Schräge stehen. In ihnen steckt eine ursprüngliche, tiefe christliche Frömmigkeit. Etwa, wenn in „The Carnal and the Crane" eine Krähe und ein Kranich in mehreren Strophen intensiv und sachkundig über die Theologie von Weihnachten, die Göttlichkeit Jesu und die Rolle Marias in der Heilsgeschichte disputieren. Oder wenn die Jungfrau Maria bei der Verkündigung des Engels vom Englischen in lupenreines Kirchenlatein wechselt und antwortet, sie sei die „ancilla domini"; und „secundum verbum tuum fiat mihi" – ihr, der Magd des Herrn, geschehe also nach Seinem Wort. Jedes Weihnachtsprogramm von „Morris Open" endet mit dem Freudenlied „Shepherds arise!" (Steht auf, ihr Hirten). Dann legt auch von Weiß ein wenig von seiner missionarischen Zurückhaltung ab. „'Tschuldigung, dass ab und zu der Pfarrer in mir rauskommt", sagt er dann: „Aber wenn Sie die Geschichte von Weihnachten nicht mehr so ganz drauf haben, dann schlagen Sie doch einfach im Buch zum Lied nach oder gehen in eine der großen Kirchen. Die helfen

Ihnen gerne weiter." So mache ich es. Nach diesem Konzert am Abend des 23., bei dem schottisches Christmas Ale serviert wird, kann Weihnachten werden. Es steht nun buchstäblich vor der Tür; riecht schon nach Stall, nach Weihrauch, Ochs und Esel und nicht nach Duftkerze und Verpackungsmaterial. Jetzt darf auch der Baum ins Wohnzimmer und sich noch ein bisschen aushängen, bevor er am Heiligabend geschmückt wird.

Ich bleibe katholisch. War nie die Frage. Aber zu Weihnachten nehme ich mir meine religiöse Bastelstunde: Das Christkind war ein Engländer – und es hatte eine Menge kurioser Gäste. So viel habe ich bis heute verstanden.

Weihnachten

Weihnachten erklärt sich selbst. Seine Botschaft ist einfach, so wie fast alle großen Ideen. Es ist das Fest der neuen Welt Gottes. In der Welt Gottes herrschen Friede und Liebe unter den Menschen, und Leid und Trauer sind vergangen. Deshalb wird Weihnachten auf dem ganzen Globus gefeiert, und deshalb ist es der größte Erfolg des Christentums. Alle zehren davon, die Politik, die Kultur, die Wirtschaft. Manchem Händler rettet Weihnachten die Jahresbilanz. Das Fest belebt die durch die Digitalisierung bedrohten Innenstädte. Es hat Illusionsschlüsselindustrien geschaffen, die Schnitzer im Erzgebirge wie die Glasbläser in Thüringen. Spendenwerke freuen sich über die zu Weihnachten offeneren Herzen und Konten.

Mitunter beschweren sich Kirchenfunktionäre über den Rummel in der Weihnachtszeit, der den Sinn des Festes angeblich verdeckt. Die übervollen Weihnachtsmärkte, die schon am Totensonntag anfangen sollen, der Spekulatius nach den Sommerferien, der Druck zum Kaufen und Verkaufen im Dezember, die vielen Feiern.

Aber es ist erst einmal umgekehrt. Noch durch jede religionsentwöhnte Weihnachtsansprache bricht sich eine Hoffnung Bahn: Das Fest soll ein Zeichen setzen, dass am Anfang die Liebe steht, die schenkt, und nicht das Geschäft, der Deal, der darauf zielt, mehr zu nehmen, als er gibt. Weihnachten macht Menschen bereit, abzugeben, weil sie ahnen, dass auch sie selbst die entscheidenden Dinge nicht kaufen, sich nicht einmal selbst geben können. Und dass wir werden müssen wie die Kinder, um das Bild von der neuen Welt Gottes in unserem Herzen zu bewahren.

Friede und Liebe – die Hoffnung darauf, dass beide stärker sind als Hass und Gewalt, zieht eine Spur der Zuversicht durch die Geschichte. Darauf hat der Sozialethiker Wolfgang Huber aufmerksam gemacht. Sie führt zu der Einsicht, dass jeder Mensch die gleiche Würde hat. Wenn wir Versöhnung verbreiten und Frieden halten, folgen wir der Botschaft des Engels, der den Hirten die Geburt des Kindes verkündete, seinem Versprechen der Liebe. Es gilt immer und überall, nicht nur innerhalb von Konfessions- oder Religionsgrenzen.

Dann allerdings enthält die Botschaft von Weihnachten eine Entschleunigung. Darin liegt der Argwohn von Kirchenfunktionären gegenüber der Hektik der Weihnachtszeit richtig. Frieden geht nicht schnell, und Versöhnung braucht Zeit. Wir feiern Feste auch deshalb, weil zum Menschsein Zeit gehört. Wenn jemand in Not gerät oder wenn jemand Gewalt braucht, dann muss sofort gehandelt werden. Und Geschwindigkeit ist Macht. Wer die Räder seines Autos mit vielen PS durchdrehen lässt, will Macht zeigen. Wer Frieden stiften will, muss Beziehungen aufbauen. Wer Liebe gibt, muss einen anderen wahrnehmen. Er braucht Zeit, und er muss Zeit geben. Er muss sich seiner Macht entledigen, wie es Gott im Kind in der Krippe getan hat.

Deshalb ist Weihnachten ein Fest der Beziehungen. Die leben wir in Familien, daher wird Weihnachten zum Familienfest. Wie feiert man, wenn man allein lebt? Wie erreicht einen die Botschaft dann? Wie lassen sich zu Weihnachten Beziehungen stiften und erleben? Irmgard Schwaetzer hat es hier aufgeschrieben.

Lichtfest

IRMGARD SCHWAETZER, *geboren 1942, ist Präses der Synode der Evangelischen Kirche in Deutschland und damit die zweithöchste Repräsentantin des Protestantismus. Sie war Staatsministerin im Auswärtigen Amt und Bundesbauministerin.*
Foto © Andreas Schoelzel

„Machet die Tore weit und die Türen in der Welt hoch, dass der König der Ehren einziehe" – Weihnachten beginnt für mich mit diesen Worten aus dem 24. Psalm, die am 1. Advent gesprochen und gesungen werden. Advent – Vorbereitung auf die Geburt des Gottessohns, das Christkind, den Retter der Welt. Advent – das Warten auf die Ankunft des Lichts in dieser Welt, wie der Prophet Jesaja sagt: „Das Volk, das im Finstern wandelt, sieht ein großes Licht" (Jesaja 9,1). Advent: darin liegt die Aufforderung, aus unserem Kokon von Gedanken, Problemen und Sorgen herauszukommen, uns selbst und die Welt anzusehen, achtsam zu sein. Dazu gehört für mich die Zeit für eine kurze Meditation über den Impuls aus dem Adventskalender „Andere Zeiten" oder für eine Kantate von Johann Sebastian Bach. Dazu gehört auch die Zeit für einen Besuch bei meinem ältesten Bruder, der weit entfernt lebt, Zeit für Freundinnen und Freunde beim Adventscafé oder – selten – auf dem Weihnachtsmarkt. Viel Zeit brauche ich für die Weihnachtskarten. So wächst mit jeder angezündeten Kerze im Adventskranz die Vorfreude.

Den Weihnachtsabend erlebe ich am liebsten in ganz großer Runde im Gottesdienst im Berliner Dom, in „meiner" Gemeinde. Im Hören auf die Weissagungen aus dem Alten Testament, die Weihnachtsgeschichte aus dem Lukasevangelium, eine Predigt, die den Bogen von der Schrift zum Hier und Jetzt schlägt. Und vor allem: im Singen der wunderbaren alten Weihnachtslieder: „Lobt Gott, ihr Christen alle gleich, in seinem höchsten Thron, der heut schließt auf sein Himmelreich und schenkt uns seinen Sohn ..." oder „Ich steh an deiner Krippen hier, o Jesu, du mein Leben; ich komme, bring und schenke dir, was du mir hast gegeben. Nimm hin, es ist mein Geist und Sinn, Herz, Seel und Mut, nimm alles hin und lass dir's wohlgefallen ...", auch dies strahlende „O du fröhliche, o du selige, gnadenbringende Weihnachtszeit! Welt ging verloren, Christ ist geboren: Freue, freue dich, o Christenheit!" So erlebe ich die wunderbare Zusage Gottes, uns nie allein zu lassen.

Gott kommt als Mensch in unsere Welt, teilt unser Leben, teilt unser Glück und unser Leid. Dies erfasst nicht unser Verstand, nur unser Glaube. Und dennoch wird in den Lesungen und Predigten deutlich, dass diese uralte Geschichte mitten in der realen Welt stattfindet, wurde die Heillosigkeit der Welt und die Sehnsucht nach dem heilsamen Erscheinen Gottes in der Welt so deutlich:

wenn der Evangelist Lukas die Geburt Jesu in die Zeit einordnet, in der „Quirinius Statthalter in Syrien war" – schon damals ein von Aufständen und Kriegen gezeichnetes Land (Lukas 2,2);

wenn am 1. Weihnachtstag unsere Nähe zu Gott in der Gotteskindschaft sichtbar wird, der wir unser Leben und Tun verdanken, und der Briefschreiber Johannes uns an das Unrecht erinnert, das durch unsere Lieblosigkeit überall in der Welt sichtbar und erfahrbar wird (1. Johannes 3,1–6);

wenn am 2. Weihnachtstag das Sehnsuchtsbild vom offenen

Himmel, der die aufnimmt, die aus der Trübsal kommen, Trost verspricht und gleichzeitig an den ersten Märtyrer Stephanus erinnert wird, der uns heute die verzweifelte Situation der Christen im Vorderen Orient so drängend nahebringt (Offenbarung des Johannes 7,9–12).

Das ist viel Stoff dafür, unser Reden, unser Leben und unser Handeln zu überdenken.

Eigentlich war mir die Musik zu Weihnachten immer mindestens so wichtig wie die Geschenke. Singen und Musizieren gehörten in meiner Kindheit und Jugend zum Heiligen Abend. Wir waren fünf Geschwister, vier Jungen und ich als Jüngste das einzige Mädchen, alle musikalisch, aber mit unterschiedlicher Neigung, dies auch in einem Chor oder an einem Instrument zu praktizieren. Solange wir drei jüngeren Geschwister klein waren, sangen wir von unserer Mutter am Klavier begleitet, später wurden dann auch vierstimmige Sätze mit Klavier- und Cellobegleitung geübt und musiziert, wobei mir schon sehr früh die Altstimme zufiel, weil meine Mutter einen wunderbaren Sopran hatte.

Sobald meine Brüder eigene Familien gründeten, ging diese Tradition zu Ende. Ich selbst habe noch viele Jahre in unterschiedlichen Kirchenchören, später auch an der Harfe meine Freude am Singen und Musizieren zu Weihnachten praktiziert. Meine Stimme allerdings ist von den Jahren deutlich mitgenommen. Das beeinträchtigt die Freude aber nicht.

Seit ich wieder allein lebe, ist es mir wichtig, Weihnachten die Gemeinschaft von Menschen zu suchen, die wie ich allein leben, auch von Menschen, die einen Verlust betrauern oder in der Gefahr stehen, sich von Einsamkeit überwältigen zu lassen. Mit diesen Menschen verbringe ich gern in größeren oder kleineren Runden Zeit an den beiden Weihnachtsfeiertagen, manchmal auch am Heiligen Abend. Das allerdings muss sorgfältig vorbereitet werden. Der Heilige Abend ist für jeden mit so vielen Erinnerungen an ganz eigene Erlebnisse und Traditionen verbunden, dass ein anders gestaltetes Beisammensein eventuell die heimlichen Erwartungen enttäuscht. Das kann alles betreffen: den Gottesdienst, die Musik, den geschmückten Baum, das Essen, den Geschmack der Plätzchen. Ich selbst bin ja auch nicht frei von Erwartungen und Erinnerungen. Deshalb widerstehe ich heute allen Einladungen zum „Familienfest" meiner noch lebenden Brüder, der Nichten und Neffen. Sie haben ihre eigenen Traditionen für „ihr" Weihnachtsfest entwickelt.

So lange ich Vorsitzende der Gemeindeleitung am Berliner Dom war, war ich selbstverständlich dort: am frühen Nachmittag zu den ersten, mit Weihnachtsbesuchern überfüllten Vespern, die alle haupt- und ehrenamtlich Mitarbeitenden vor große organisatorische und emotionale Probleme stellt. Dann aber auch wieder zu den beiden letzten Gottesdiensten am Heiligen Abend um 22 Uhr und um Mitternacht, um die Mitarbeitenden, die mit ihren Familien zu Hause feiern wollen, zu entlasten. Zudem ist die Stimmung im Mitternachtsgottesdienst immer besonders, fröhlich und doch still. Dazwischen ist Zeit, die Kerzen am Weihnachtsbaum anzuzünden, die Weihnachtspost zu lesen, mich an den mir zugedachten Worten zu freuen, und auch Geschenke auszupacken.

So halte ich es jetzt auch noch, obwohl ich am Dom keine Leitungsverantwortung mehr habe. Die Feiern dort sind inzwischen so vertraut: die Gesichter der vielen Menschen, auf denen sich – wenn sie hinausgehen – der Widerschein der Weihnachtsgeschichte ablesen lässt, die Inbrunst, mit der das „O du fröhliche, o du selige, gnadenbringende Weihnachtszeit" zum Schluss des Gottesdienstes gesungen wird; die Jungen des Staats- und Domchores, bei denen man ein wenig die Aufregung und ganz viel Vorfreude auf die Bescherung spürt; die Sängerinnen und Sänger der Domkantorei und die Dombläser, die sich auf den Weg gemacht haben, um sich und anderen

Weihnachtsfreude zu bereiten; die ehrenamtlichen Helferinnen und Helfer, die in der Kälte an den Eingangstüren Liedblätter verteilen und später am Ausgang die Kollekte für „Brot für die Welt" sammeln und zwischendurch Streit um freigehaltene Plätze in den Bankreihen schlichten müssen, und die in den kurzen Ruhepausen im Gemeinderaum ihre Erwartungen austauschen. All das ist für mich weihnachtliche Gemeinschaft, das Licht Gottes in der Welt.

Doch auch andere Möglichkeiten der Gemeinschaft am Heiligen Abend sind für mich reizvoll, mit Menschen in einer der vielen diakonischen Einrichtungen in meiner Nähe.

Nach dem zweiten Feiertag ist Weihnachten natürlich noch nicht vorbei. Silvester und Neujahr – Bilanz und Aufbruch, Dank und Hoffnung. Und dann erst müssen ja am 6. Januar die Heiligen Drei Könige – im Matthäus-Evangelium die „Weisen aus dem Morgenland" – zur Krippe kommen. Wenn zu Beginn der Adventszeit die Krippe – eigenhändig aus Bethlehem nach Berlin gebracht – aufgestellt wird, warten nur Ochs und Esel auf das Geschehen. Es ist die Zeit der Vorbereitung: Josef und Maria, aber auch die Könige sind ja noch unterwegs und deshalb nicht zu sehen. Mit der Geburt Jesu kommen die Schafe und der Hirte zum Krippenstall mit der Heiligen Familie, die Könige schauen noch aus der Ferne zu. Am 6. Januar, dem Fest der Erscheinung des Herrn in der Welt, dem Fest Epiphanias, haben sie ihr Ziel erreicht: Sie verharren in Anbetung mit ihren Geschenken vor dem Kind. Wenn der Tannenbaum, diese Tradition aus der deutschen Romantik, längst abgebaut ist, bleibt die Gemeinschaft der Krippe beieinander, nach evangelischem Jahreszeitenkalender bis zum letzten Sonntag nach Epiphanias, nach katholischem Brauch bis zum 2. Februar, dem Fest Mariä Lichtmess 40 Tage nach Weihnachten, abgeleitet aus jüdischen religiösen Regeln. Erst dann ist der Weihnachtsfestkreis abgeschlossen. Dann treten wir ein in die vor-österliche Zeit. Nur der Stern, der an der Spitze des Tannenbaums während der Weihnachtszeit den Weg weist, findet während des ganzen Jahres einen Ort in meiner Wohnung.

Mariä Lichtmess

An Lichtmess 1935 entließ der Seewirt zwei Knechte, berichtete der Schriftsteller Josef Bierbichler in seiner 2011 erschienenen Erzählung „Mittelreich". Sie waren überflüssig geworden. Nur zum Durchfüttern, sagte der Seewirt, „behält man höchstens ein altes Ross, aber auch nur, wenn es ein langes und fleißiges Arbeitsleben hinter sich gebracht hat".

Seit 1912 ist Mariä Lichtmess kein gesetzlicher Feiertag mehr.

Bis dahin war innerhalb des Kirchenjahres am 2. Februar die Weihnachtszeit zu Ende. Im bäuerlichen Jahr neigte sich der Winter dem Ende zu. Bevor, wie es in einem Volkslied heißt, „im Märzen der Bauer die Rösslein einspannt", um die Felder und Wiesen für die Saat vorzubereiten, war es gut, vier Wochen Zeit zu haben, sich an neue Knechte und Mägde zu gewöhnen. Und sie selbst hatten Zeit, sich auf einem neuen Hof zurechtzufinden.

So steht Mariä Lichtmess für den möglichen Wechsel des Arbeitgebers und der Arbeitskräfte. Und: für den Zahltag. Denn mit Mariä Lichtmess war auch die Entlohnung für das Arbeitsjahr verbunden: Geld oder neue Schuhe, eine neue Schürze, Hose oder ein neues Kleid für Knecht oder Magd. Und: Mariä Lichtmess war der Auftakt der einzigen freien Tage im Jahr: Bis Agatha, dem 5. Februar, hatten die Knechte und Mägde frei, für den Umzug zum nächsten Hof oder für einen Besuch bei den Eltern und Geschwistern.

Das Industriezeitalter hat Mariä Lichtmess überrollt wie die Vorboten der digitalen Revolution das Handwerk der Schriftsetzer und der satellitengestützte Traktor des Bauern das hektargroße Feld. Im Märzen spannt kein Bauer mehr die Rösslein ein. Er hat in den Winternächten am Bildschirm den Leasingvertrag für einen Säzug erstellt und nach Förderprogrammen der Europäischen Union gefahndet. Jetzt koppelt er das gelieferte Gerät an den Schlepper. GPS-gestützt lässt er die Technik gerade Furchen ziehen und zugleich mit dem Säen wieder glätten. Knechte und Mägde? Wären zu teuer, denn sie müssten Mindestlohn bekommen und Tarifurlaub. Und fast hätte die Koalition 2017 die sachgrundlose Befristung wegverhandelt. Dann würde man die Arbeitskräfte kaum wieder los. Im Spätsommer, zur Ernte, mietet der Bauer für drei Tage die Mähdreschergruppe. Der Obstbauer lässt über seinen Vermittler eine polnisch-ukrainische Pflückertruppe kommen. Und die Digitalisierung wird weitere Berufe erledigen, eher früher als später.

Immer stärker definieren sich Menschen deshalb nicht nur über ihre Arbeit. Das ist gut. Und geblieben ist der Neuanfang, im Beruf, in der Partnerschaft, im Jahr. Das wird in diesem Fest abgebildet. Der Neuanfang begann an Weihnachten und wird jetzt abgeschlossen, damit der Alltag einsetzen und eine neue Festzeit beginnen kann. Maria und Josef bringen ihren Sohn Jesus in den Tempel, damit er die Reise seines Lebens und seiner Berufung antreten kann. Zudem werden die Tage wieder länger. Irgendwann musste niemand mehr bei Kerzenschein spinnen, deshalb haben sich Kerzen als Feierbeleuchtung etabliert. Sie stehen für die Entschleunigung: Noch einmal kurz aus dem Alltag aussteigen. Und sich zugleich eingewöhnen. Ilse Junkermann sagt, was man alles in dieses Fest hineinpacken kann, auch wenn kein Bauer mehr Knechte und Mägde braucht.

Wer erleuchtet mich?

ILSE JUNKERMANN *ist Landesbischöfin der Evangelischen Kirche in Mitteldeutschland. Geboren ist sie 1957 im landwirtschaftlich geprägten Dörzbach im Nordosten Baden-Württembergs.*

„... und an Lichtmess habe ich dort aufgehört als Magd und bin zum Bauern B im übernächsten Dorf." Bei dieser Erzählung meiner Großmutter ist mir zum ersten Mal dieser Tag „Mariä Lichtmess" begegnet. Er war in der bäuerlichen Kultur der Tag des Arbeitsplatzwechsels: Man ging woandershin „in Stellung", wie meine Großmutter den Arbeitsplatzwechsel noch nannte. Und die Handwerker gingen ab 2. Februar wieder auf die Walz.

So war das kirchliche Fest Mariä Lichtmess mit der gesamtgesellschaftlichen Arbeitskultur, zumindest auf dem Land, verbunden. Es war in den Rhythmus des bäuerlichen Arbeitsjahres eingebunden. Das eigene Leben mit seinen Wechselfällen war eingeschrieben in das Kirchenjahr mit seinen Festen. Ob auch deshalb dieses Fest bzw. dieser Tag im Kirchenjahr fast ganz aus der Festtagskultur verschwunden ist, weil es keinen gemeinsamen Rhythmus des Arbeitens mehr gibt?

Ursprung des Festes – seine Bedeutung für mich heute

An Mariä Lichtmess wird zweierlei gefeiert: Im Lukasevangelium (Lukas 2,22–24) wird uns erzählt, dass Jesu Eltern ganz entsprechend den Bestimmungen der Thora handelten: 40 Tage nach der Geburt eines Sohnes erfolgt die kultische Reinigung der Mutter (vgl. 3. Mose 12,1–4), für die sie das vorgeschriebene Opfer im Tempel bringt: Für Arme waren dies zwei Tauben oder Turteltauben (vgl. 3. Mose 12,6–8). Und zugleich bringen die jungen Eltern Gott ihren Erstgeborenen dar, wie es in 2. Mose 13,2 geboten ist, als Erinnerung an die von Gott verschonte männliche Erstgeburt in der Nacht vor dem Auszug aus Ägypten. Diese Darbringung heißt in Luthers Übersetzung „Darstellung im Tempel".

So betont der Evangelist Lukas: Der neugeborene Jesus ist Jude, seine Eltern halten sich streng an die Gebote der Thora. Die nachfolgende Erzählung (Lukas 2,25ff) unterstreicht die Sendung dieses Kindes für sein Volk und alle Völker. Der alte Simeon wird von Gottes Geist in den Tempel geführt. Dort nimmt er das Kind auf seinen Arm, preist es als Messias und Trost Israels und als „ein Licht zur Erleuchtung der Heiden und zum Preis deines Volkes Israel". Die Eltern wundern sich über diese Worte, auch über die bekräftigenden nachfolgenden der Prophetin Hanna. Damit ist die Erzählung von der Geburt Jesu beendet.

Das Fest Mariä Lichtmess stellt heraus: Maria hat den zur Welt gebracht, der das Licht der Welt ist, der, zum Volk und Bund Gottes mit Israel gehörend, das Licht für alle Völker ist. Mit diesem Fest ist der Weihnachtsfestkreis zu Ende. Mariä Lichtmess ist das Fest auf der Grenze zwischen der Weihnachts- und der Passionszeit. Seine Darbringung im Tempel und dass er als Erstgeburt nicht wie vorgesehen durch ein Opfer ausgelöst wird, weisen auf seine Hingabe und sein Ganzopfer in Passion und Kreuzigung voraus. Der Neugeborene ist zur Hingabe bestimmt. Lange bevor er ein Opfer der Macht und Gewalt von Menschen wird, wird er – wie jede Erstgeburt – Gott zum Opfer gebracht, im Tempel dargestellt, Gott geweiht. So erinnert Mariä Lichtmess noch vor Beginn der Passionszeit daran: Jesu Weg der Hingabe und Passion ist ein Weg im Auftrag Gottes. Er ist Licht der Welt, das an das Licht als erstes und einzig ungeteiltes Schöpfungswerk Gottes erinnert, und mit dem in diesem Kind die Neuschöpfung (vgl. 2. Korinther 5,17 und 2. Korinther 4,6) ihren Grund und Anfang nimmt. Durch die Taufe sind wir in diese Neuschöpfung hineingenommen, leben in diesem neuen Licht.

So wurde Mariä Lichtmess mit einer Lichterprozession und der Segnung von Kerzen für das kommende Jahr gefeiert. Die Kerzen konnten auf der „Mess", dem extra für diesen Kerzenkauf stattfindenden Lichtermarkt, erworben werden.

Seit dem Zweiten Vatikanischen Konzil wird Mariä Lichtmess nicht mehr als Marienfest, sondern als Herrenfest gefeiert und heißt: Fest der Darstellung des Herrn. Auch in der neuen Perikopenordnung der evangelischen Kirche ist der 2. Februar unter den weiteren Festen und Gedenktagen als „Tag der Darstellung Jesu im Tempel (Lichtmess)" vorgesehen.

Auch wenn dieses Fest nur selten mit einem Gottesdienst oder einer Abendandacht gefeiert wird, ist doch in den meisten römisch-katholischen und manchen evangelisch-lutherischen Gemeinden der Brauch erhalten geblieben, erst nach Mariä Lichtmess den Christbaum, auf jeden Fall die Krippe und den weiteren Weihnachtsschmuck zu entfernen und damit für alle sichtbar so lange, bis vierzig Tage nach dem 1. Christfesttag Weihnachten, die Geburt Jesu als Licht der Welt zu feiern.

Warum ist mir dieses Fest wichtig geworden?

Es ist eines der wenigen Feste, das explizit der Israelvergessenheit in der Kirche wehrt; denn es erinnert: Jesus, der Jude, von einer jüdischen Mutter geboren, ist dem Gott Israels verdankt und geweiht, in den bleibenden Bund Gottes mit Israel hineingeboren und als solcher vom Gott Israels zum Licht für alle Völker gemacht. Wir Christen aus den sogenannten Heiden sind deshalb dem Volk Israel bleibend verbunden. Die Geschichte des christlich motivierten und legitimierten Antisemitismus, der immer wieder zu schrecklichen Judenverfolgungen geführt hat, reicht bis heute, ja, flammt nach der unvorstellbaren Vernichtung der Shoa in unserem Land neu auf. Mariä Lichtmess begehen, heißt deshalb für mich als Erstes, als Christen der bleibenden Verbundenheit mit Gottes ersterwähltem Volk zu gedenken.

Zum Zweiten erinnert mich das Fest Mariä Lichtmess: Auch ich, auch wir stehen in diesem Licht. Es leuchtet durch alle dunkle Zeit hindurch und führt mich dereinst durch das Dunkel des Todes zum Licht seiner Herrlichkeit. Die Kerzen, die ich bewusst zu Mariä Lichtmess für das ganze Jahr kaufe, stellen mir das ganze Jahr hindurch vor Augen: „Jesus Christus ist das wahre Licht. Lass dich nicht blenden von den vielen Lichtern, die dir den Weg leuchten wollen, die dieses Licht überblenden wollen."

Und damit bin ich bei einem Dritten, bei der Frage: In wessen Dienst stehe ich? Auch wenn ich nicht den Arbeitgeber oder die Arbeit wechsle, ist Mariä Lichtmess das Fest, an dem ich mich neu von Gott in den Dienst stellen lasse. Also neu überlege und mir vor Augen halte: Gott ruft mich, schon mitten im Dunkel dieser Welt in seinem Licht zu leben. Gott braucht mich, um sein Licht der Liebe und der Versöhnung ins Dunkel dieser Welt zu tragen. Gott stärkt mir Herz und Hände, den Boden zu bereiten für ein gutes Gedeihen dessen, was er durch sein Wort und seinen Sohn in die Welt gibt: gerechtes Leben für alle in Frieden, Gerechtigkeit und Würde.

Wie feiere und begehe ich dieses Fest ganz konkret?

Leider war ich nie in einer Gemeinde, die Mariä Lichtmess mit einem Gottesdienst oder einer Licht-Andacht, Luzernar genannt, abends begangen hat. So halte ich die Andacht am 2. Februar – meine persönliche oder eine, die ich öffentlich zu halten habe –, indem ich die biblischen Texte lese, die zu diesem Fest gehören. So vergegenwärtige ich mir auch die Bedeutung des Festes und bedenke die oben beschriebenen drei Aspekte.

Und auch ganz praktisch begehe ich diesen Tag: Gegen den Trend zu einem raschen Wechsel von der Weihnachtsdeko zu der von Silvester und dann zu Fasching lasse ich zwar nicht den Christbaum so lange stehen. Aber die Sterne, die seit Advent im Fenster und der Wohnung die Geburt dieses Lichtes angekündigt und dann beleuchtet haben, sie hängen und leuchten bis zum 2. Februar. Und auch mein schöner Lichterbogen mit der Krippe bleibt so lange stehen. So lebe ich bewusst gegen die Beschleunigungskultur unserer Gesellschaft, in der gerade im Weihnachtsfestkreis alles vorgezogen und entsprechend früher beendet wird. Mariä Lichtmess stärkt mich darin, das Licht, das mit Christi Geburt in die Welt gekommen ist, nicht gleich wieder aus der Welt schaffen, es vielmehr weiter leuchten lassen, es über dem Alltag und d.h. ja auch dem Dunkel dieser Welt leuchten sehen.

Valentinstag

Der Valentinstag ist ein Lehrstück: Papst Gelasius führte den Feiertag ein, Paul VI. strich ihn nach 1500 Jahren wieder. Unter anderem, weil die Geschichte schwer nachvollziehbar ist. Doch eine Koalition aus Liebenden, Floristen, Pralinenproduzenten und Globalisierung hat ihn wiedererobert. Denn in anderen Länden wurde er weiter begangen. So kam er nach Deutschland zurück und feierte ein glänzendes Comeback. Längst ist er in die Kirchen zurückgekehrt. Was bleibt, stiften die Liebenden, sagte der Schriftsteller Jörg Zink.

Das Unbehagen der Kirche war durch die unklare Geschichte gespeist. Es gab vielleicht mehrere Valentins. Die schönste Geschichte ist die von Valentin von Rom: Er soll als Priester Paare trotz des Verbots durch Kaiser Claudius II. nach kirchlichem Ritus getraut haben. Dabei soll er den Paaren auch Blumen aus seinem Garten geschenkt haben. Die Ehen, die von ihm geschlossen wurden, haben der Überlieferung nach unter einem guten Stern gestanden. Theologen runzeln bei dieser Geschichte die Stirn. Wahrscheinlich wurde einem vorchristlichen Fest eine andere Begründungslegende untergeschoben: Dem Feiertag der Göttin Juno, der Schützerin von Ehe und Familie, und dem Fest der Wölfin. Den Frauen schenkte man an diesen Tagen Blumen. Die steckten Männern Zettel mit ihren Namen zu – antikes Speed Dating. Die Kirche behielt das mit den Zetteln bei. Aber sie verfügte, dass man christliche Weisheiten darauf schreiben sollte.

Wegen der unsicheren Quellenlage wurde der Valentinstag

1969 zum Gedenktag IV. Klasse nach dem alten Messbuch downgegradet. Solche Feste musste man nicht feiern. Anglikaner und konservative Lutheraner in den USA, die sogenannte Missouri-Synode, störten sich nicht daran, behielten ihn und bewiesen ein gutes Gespür.

Der Valentinstag hat eine einfache Botschaft. Er feiert die Liebenden und die Liebe. Eine Religion, die zwei Hohelieder der Liebe zur Weltliteratur beigesteuert hat, kann an einem solchen Tag nicht vorbeigehen. „Gott ist Liebe", sagt Johannes in seinem ersten Brief, „und wer in der Liebe bleibt, der bleibt in Gott, und Gott in ihm." Ulrike Lotze hat herausgefunden, wie die Kirchen den neuen Valentinstag feiern.

Der Tag der Liebenden

ULRIKE LOTZE, *geboren 1961, ist Chefredakteurin des LIFTjournals und wohnt in Ratingen.*
Foto © Pressefoto Wilfried Meyer

Sie schmausen beim „Dinner for two" bei Kerzenschein und Harfenmusik. Sie waschen sich ihre Hände gegenseitig als Versöhnungszeichen. Sie bauen eine Beziehungskiste – aber das geht nur zusammen. Oder sie erkunden gemeinsam bei einer Radtour die Stadt Köln unter dem Motto „Zu zweit unterwegs zu Liebesorten". Es scheint, als ob der 14. Februar die Kirchen unglaublich kreativ macht – denn alle beschriebenen Aktionen haben eins gemeinsam: Sie sind Angebote von christlichen Gemeinden oder Einrichtungen für Verliebte, Verlobte und Verheiratete an einem Tag, an dem gar kein offizielles kirchliches Fest begangen wird: am Valentinstag.

Gerne wird er als Tag der Floristen geschmäht, und die Vermutung liegt nahe, dass sich die Kirchen diesen Tag ein wenig von den Floristen zurückerobern wollen. Dabei steht gar nicht fest, wer die ältesten Rechte und den größten Anspruch auf den Valentinstag hat: die römische Göttin Juno, die Floristen oder die Kirche? Der Legende nach gehört er allen dreien – irgendwie.

Doch der Reihe nach: Der 14. Februar war schon im alten Rom ein Tag der Liebenden, denn die römische Göttin Juno galt als Beschützerin von Ehe und Familie. Und schon damals kommen die Floristen ins Spiel – zumindest indirekt. Denn im antiken Rom soll man am 14. Februar der Göttin Juno gedacht und den Frauen Blumen als Geschenk überreicht haben – die Ansprüche der Floristen reichen also weit zurück.

Der Valentinstag gehört ganz klar nur einer Gruppe: den Liebenden. Denn mal ganz ehrlich, wenn es ihn nicht schon gäbe, müsste man ihn erfinden – einen eigenen kirchlichen Feiertag für Verliebte, Verlobte und Verheiratete. Und zwar nicht erst, wenn sie ihre silberne oder goldene Hochzeit begehen.

Wer war der Erste? Das lässt sich natürlich nicht verbindlich klären. Wahrscheinlich war es der damalige Erfurter Dompfarrer und heutige Weihbischof Reinhard Hauke, der die Idee tatsächlich im Internet für sich reklamiert. Denn er hat bereits im Jahr 2000 zusammen mit der evangelischen Pastorin Bianka Piontek zu einem ökumenischen Segensgottesdienst eingeladen. Aber wer auch immer wann auch immer die Idee hatte: Sie war so gut, dass immer mehr Gemeinden und Gruppen sie aufgegriffen haben und aufgreifen.

Zumindest die Düsseldorfer Dominikaner hat Hauke inspiriert, erzählt Pater Wolfgang Sieffert OP. Schon seit 2003 lädt der Orden in der Düsseldorfer Andreaskirche zu einer „Nacht der Liebenden" am Valentinstag ein. Mitten im Trubel der längsten Theke der Welt öffnet seitdem die Andreaskirche ihre Türen, die Besucher können kommen und gehen, wie sie wollen. Es gibt einzelne Stationen, an denen sich die Paare mit ihrer Lebens- und Liebesgeschichte befassen können: Sie können sich einen Liebesbrief schreiben, gegenseitig die Hände waschen als Versöhnungszeichen oder in einem Mausoleum den Verlust der Liebe betrauern und Abschied nehmen.

Die Kölner Katholiken haben 2017 sogar ein Lied zum

Valentinstag bekommen: Die kölsche Band Brings hat für den Anlass den Song „Wenn et dunkel weed" geschrieben, es geht um Zusammenhalt in dunklen Zeiten. Ein Hit war auch die Liebestour per Fahrrad im Jahr 2017: Sie startete dort, wo viele Paare mit ihrem Liebesbeweis „anhänglich werden": bei den Liebesschlössern auf der Hohenzollernbrücke. „Nachgefragt wird alles sehr stark, was Mann und Frau Zeit füreinander bietet", berichtet Burkhard R. Knipping, Referent für Beziehungs- und Ehepastoral im Erzbistum. Die Bandbreite reicht vom Candle-Light-Dinner bis zu stillen, meditativen Gottesdienstformen.

Auch die Protestanten haben Geschmack am Valentinstag gefunden: Der Bonner Kirchenpavillon lud 2018 zum ersten Mal zum „Dinner for two – Sternstunden für Paare" ein. Bei einem festlichen Vier-Gänge-Menü am Zweiertisch mit Kerzenschein und Harfenmusik gab es immer wieder kleine Impulse von den Fachleuten der evangelischen Eheberatungsstelle. „Das sollen Anregungen für eine starke Partnerschaft sein", erzählt Martina Baur-Schäfer vom Bonner Kirchenpavillon.

Kreativ ist auch der Gottesdienst zum Valentinstag in Trier. Da bekommen die Paare zum Beispiel ein kleines Säckchen, das sie mit Holzbausteinen befüllen sollen. Auf ihnen stehen Begriffe wie „Humor", „Erotik", „Vertrauen". „Jeder sollte sich fragen: Was ist mir wichtig in der Beziehung? Und was möchte der andere gerne da drin haben", berichtet Pfarrerin Kerstin König-Thul, die den Gottesdienst seit etlichen Jahren gemeinsam mit ihrem Kollegen Johannes Metzdorf-Schmithüsen anbietet. Oder die Paare erhalten Feigenblätter und sollen sagen, was sie gerne voreinander verbergen möchten.

Noch nicht einmal die Singles werden von den Kirchen am Valentinstag vergessen. Wer den Feiertag der Liebenden alleine verbringen muss, hatte zum Beispiel 2017 in Berlin die Chance, an einem speziellen Single-Gottesdienst teilzunehmen. Im

Szene-Viertel Prenzlauer Berg konnten alle, die ihre „bessere Hälfte“ suchen, verloren oder aufgegeben haben, den Tag der Liebenden im Herz-Jesu-Kloster gemeinsam verbringen.

Die Kreativität ist offensichtlich groß, die Motivation ebenfalls. Denn es ist kein Geheimnis, dass viele Ehen und Partnerschaften in der Krise stecken. Die Eheberatungsstellen sind überlaufen, berichtet Martina Baur-Schäfer: „Unser Abend soll Krisen vorbeugen, er richtet sich an Menschen, denen ihr Zusammenleben wichtig ist.“ Ähnlich sieht das Pfarrerin König-Thul. „Die Menschen brauchen Kraft und Unterstützung, denn Liebe und Beziehung sind nicht immer einfach, das wird oft vergessen.“ Und dabei benötigen sie Hilfe – auch von ganz oben. „Liebe muss sich ja oft gegen Widerstände durchsetzen“, erklärt Pater Wolfgang, „da ist es schön zu wissen, dass es eine Macht gibt, die das Bemühen um die Liebe stützt und hält.“ Und den großen theologischen Bogen schlägt Burkhard R. Knipping vom Erzbistum Köln: „Beziehung ist wichtig, wir wollen die Liebe der Leute stärken. Denn wir sehen darin immer einen Funken der Liebe Gottes.“

Was alle vier Valentins-Veranstalter berichten: Die Gottesdienste und Aktionen erreichen zu ihrer großen Freude Menschen außerhalb der Kerngemeinde, Kirchenfremde oder wie auch immer man sie nennen mag. „Das ist gut, da haben wir als Kirche Nachholbedarf“, sagt Knipping. „Unser Angebot richtet sich sehr dezidiert an Nichtchristen“, betont Dominikaner-Pater Wolfgang. „Wir sprechen ganz viele Kirchenfremde an“, bestätigt auch die evangelische Pastorin aus Trier. Und das mit voller Absicht, erklärt Martina Baur-Schäfer: „Solche Ideen wie das ‚Dinner for two‘ entwickeln wir ständig. Wir fragen uns immer, wo wir im Leben der Menschen andocken können, um theologisch alltagstauglich zu sein.“

Und die Nachfrage zeigt: Der göttliche Segen für die Liebe ist gefragt und das berührt nicht nur die Besucher, sondern auch die kirchlichen Profis persönlich. „Mich packt das immer besonders stark, wenn sich ein ganz junges Paar direkt nach einem alten Paar segnen lässt“, erzählt Burkhard R. Knipping. Und für Pater Wolfgang ist die Segnung, der bei der „Nacht der Liebenden“ in Düsseldorf den Gottesdienst beschließt, schlicht das „Tiefgehendste, was ich im Jahr erlebe. Es gibt bei der Segnung sehr intensive Momente, sie reichen vom unfassbaren Glück bis hin zu echten Schicksalsschlägen.“ Diese Segnungen sind kein Sakrament, das betonen beide katholische Theologen. „Wir segnen jeden, auch wenn er nicht getauft ist“, erklärt der Dominikaner-Pater.

Sakrament oder nicht – damit muss sich die protestantische Pfarrerin Kerstin König-Thul nicht auseinandersetzen. Aber ein Segensangebot gibt es in jedem Valentinsgottesdienst in Trier, sogar auf einem speziellen Segensteppich. „Es kommen ganz viele Paare, die sich segnen lassen wollen, das ist immer sehr emotional, da fließen viele Tränen. Das ist auch immer der Moment, der mich am stärksten berührt.“

Der Gottesdienst im Capar-Olivian-Saal – im Volksmund auch Winterkirche genannt – endet aber stets fröhlich. Es wird zum Abschluss gemeinsam getanzt, „alle machen mit“, freut sich die 40-jährige Theologin: „Und dann stoßen wir mit einem Glas Sekt auf die Liebe an.“ Dabei kommen sogar die Floristen – zumindest in Trier – noch ein wenig auf ihre Kosten: Am Ausgang bekommt jede Frau eine Rose.

Fasten

„Ramadanmuslime“ sind die „Weihnachtschristen“ des Islam. Die Hälfte aller Muslime in Deutschland halten nach eigenen Angaben die Fastenregeln ein. Das ist viel. Ein Drittel der Muslime betet regelmäßig, ein anderes Drittel selten oder nie. Und fast 80 Prozent der Frauen tragen übrigens kein Kopftuch, sagt die Bundeszentrale für Politische Bildung. Der Islam erlebt in Deutschland vor allem eine Säkularisierung. Fasten gleicht dem Gang zur Kirche an Weihnachten: Einmal im Jahr gehört Religion zu mir und ich zur Religion.

Fasten ist keine Feier und kein Fest, sondern eine Übung. Trotzdem habe ich es in dieses Buch aufgenommen. Denn mit der Übung bereiten sich Menschen auf ein Fest vor, die Christen auf Ostern, Muslime aufs Fastenbrechen. Und auch Fasten unterbricht wie ein Fest den Alltag und verhilft zu einer anderen Wahrnehmung.

Die Botschaft des Fastens liegt in der inneren Befreiung. Verzicht vermehrt innere Unabhängigkeit. Das ließ auch Dietrich Bonhoeffer in seinem Gedicht „Stationen auf dem Weg zur Freiheit“ anklingen. Die erste Station lautet „Zucht“. Heute heißt sie Selbstbeherrschung. Fasten bedeutet, sich zu entscheiden und die Entscheidung durchzuhalten. Fasten fällt schwer, aber es gibt neue Freude. Die Freude erwächst daraus, dass wir Routinen unterbrechen und uns auf Wesentliches konzentrieren. Und wir genießen nachher bewusster. Denn der Verzicht auf Zeit schärft die Sinne für Kostbares. Deshalb sagte Thomas von Aquin, Fasten könne „die Begierde des Fleisches zügeln, dem Geist die Betrachtung des Erhabenen erleichtern und Genugtuung für die Sünden leisten".

In der Bibel hat das Fasten ein zwiespältiges Gesicht. Von Jesus wird berichtet, dass die Jünger Johannes des Täufers ihn fragen: Warum fasten wir und die Pharisäer, deine Jünger aber nicht? Jesus antwortet: „Wie können die Hochzeitsgäste Leid tragen, solange der Bräutigam bei ihnen ist? Es wird aber die Zeit kommen, dass der Bräutigam von ihnen genommen wird; dann werden sie fasten." Fasten gehört zur Welt ohne Jesus. Und niemand wird durch Fasten vor Gott ein besserer Mensch.

Der Prophet Jesaja unterstreicht in seinem 58. Kapitel mit ein paar Sätzen, wo das Wesentliche liegt. „Warum fasten wir", fragt das Volk Gott, „und du siehst es nicht an? Warum kasteien wir unseren Leib und du willst's nicht wissen?" Gott antwortet: „An dem Tag, da ihr fastet, geht ihr doch euren Geschäften nach und bedrückt alle eure Arbeiter. Wenn ihr fastet, hadert und zankt ihr und schlagt mit gottloser Faust drein. Ihr sollt nicht so fasten, wie ihr jetzt tut, wenn eure Stimme in der Höhe gehört werden soll. Soll das ein Fasten sein, an dem ich Gefallen habe, ein Tag, an dem man sich kasteit, wenn ein Mensch seinen Kopf hängen lässt wie Schilf und in Sack und Asche sich bettet? Wollt ihr das ein Fasten nennen und einen Tag, an dem der Herr Wohlgefallen hat? Das aber ist ein Fasten, an dem ich Gefallen habe: Lass los, die du mit Unrecht gebunden hast, lass ledig, auf die du das Joch gelegt hast! Gib frei, die du bedrückst, reiß jedes Joch weg! Brich dem Hungrigen dein Brot, und die im Elend ohne Obdach sind, führe ins Haus! Wenn du einen nackt siehst, so kleide ihn, und entzieh dich nicht deinem Fleisch und Blut! Dann wird dein Licht hervorbrechen wie die Morgenröte, und deine Heilung wird schnell voranschreiten, und deine Gerechtigkeit wird vor dir hergehen, und die Herrlichkeit des Herrn wird deinen Zug beschließen."

Die Hilfswerke der Kirchen erinnern mit ihren Fastenaufrufen daran, dass viele Menschen auf der Welt immer noch hungern müssen. Richtig gehungert habe ich nur einmal im Leben, auf dem Land in Kambodscha und Vietnam. Einen Tag lang wusste ich nicht genau, wann ich das nächste Mal würde essen können. Aber meine Gruppe fuhr nach Saigon, deshalb musste ich mir endgültig keine Sorgen machen. Im Vorbeifahren sah ich Menschen vor leeren Reisspeichern sitzen, ohne die Aussicht, die ich hatte. Seitdem höre ich es mit anderen Ohren, wenn es heißt, dass Menschen unter einer Hungersnot leiden. Es muss furchtbar sein, auch wenn das Hungergefühl nachlässt.

Fasten muss eine freiwillige Entscheidung sein. Dabei geht mir der Schweizer Reformator Huldrych Zwingli durch den Kopf. Der veranstaltete das Gegenprogramm. Er begann die Reformation in Zürich mit einem öffentlichen Wurstessen zum Beginn der Fastenzeit. Zwei Wochen später ließ er ein Buch folgen: *Von Erkiesen und Fryheit der Spysen.* Darin hat er die Grundsätze festgehalten, die beim Wurstessen nicht so eindeutig erkennbar waren. Zwingli ist nicht gegen das Fasten, sondern nur dagegen, dass man andere dazu verpflichtet. Und dass man ihnen sagt, Fasten sei nötig, um das Heil zu erlangen. Er argumentiert dagegen, dass Christus die Menschen von Reinheits- und Speisevorschriften befreit hat. Christus habe ihnen die Freiheit gegeben, ihr Leben nach seinen Maßstäben zu gestalten, ohne dass daraus Vorschriften für alle werden.

Zwinglis Schrift ist ein Manifest der Freiheit. Hier kommt ein Abschnitt, aus dem Schwyzerdütsch des 16. Jahrhunderts in heutige Sprache übersetzt: „Willst du gerne fasten, dann tue es. Willst du dabei auf Fleisch verzichten, dann iss auch kein Fleisch. Lass mir aber dabei dem Christen die freie Wahl. Doch wenn dein Nächster daran Anstoß nimmt, wenn du von deiner Freiheit Gebrauch machst, dann sollst du ihn nicht grundlos in Schwierigkeiten oder Versuchung bringen. Nur wenn er den

Grund deiner Freiheit erkennt, wird er nicht mehr daran Anstoß nehmen, es sei denn, er wolle dir vorsätzlich übel. Vielmehr sollst du deinem Nächsten in freundlicher Weise den Glauben erklären und ihm sagen, dass auch er alles essen dürfe und er darin frei sei."

Für Anna Papathanasiou ist das Fasten eine religiöse Pflicht. Sie hat sie für sich und für ihre Familie in Freiheit angenommen. Gemeinsam gestalten sie diese Freiheit.

Wie ein großes Gefühl entsteht

ANNA PAPATHANASIOU *ist Journalistin und Mutter von vier Kindern. Sie wurde 1982 in Bornheim nördlich von Bonn geboren und ist dort aufgewachsen.*

Knapp 300 Menschen sitzen an langen Tischen im Pfeilersaal einer alten Burg. Sie nehmen ein einfaches Mahl zu sich: Klare Suppe, Kümmelbrot und Quark. Man hört das Klingen der Löffel auf den Tellern – und sonst nichts. Sie schweigen. Auch die Kinder und Jugendlichen, die gut die Hälfte der Gruppe ausmachen, sagen nichts. Einer hüstelt, ein anderer gestikuliert wild, damit sein Nachbar ihm ein Stück Brot reiche. Zwei Zwölfjährige schneiden Grimassen. Doch kein einziges Wort ist zu hören.

Es ist Karfreitag. Das Ende der vierzigtägigen Fastenzeit. In drei Tagen ist Ostern. Die Menschen sind am Palmsonntag auf die Burg hoch über dem Main gereist, um bei einer Familientagung die Kar- und Ostertage miteinander zu begehen. Zu feiern. Ja, die meisten von ihnen kommen seit Jahren und Jahrzehnten hierher und feiern vor allem ihr Wiedersehen nach einem Jahr. Und dann tragen sie ihre Ideen, ihre Kreativität, ihre Musik, ihre Stimmen, ihre Künste zusammen, um diese Heilige Woche – denn so wird sie in manchen Sprachen genannt – zu einem intensiven Erlebnis zu machen. Der Karfreitag ist ein Höhepunkt.

Ich erinnere mich an dieses stille Mittagessen, obwohl es fast zwanzig Jahre her ist. Ich war damals ein Teenager; die meisten Dinge, die Erwachsene taten, fand ich peinlich und machte mich darüber lustig, um nur ja nicht in den Verdacht zu geraten, das Gleiche gut zu finden wie meine Eltern. Auf der Burg war es anders. Das Gefühl von Gemeinschaft war so stark, dass es die Grenzen des Alters aufhob. Am Gründonnerstag hatten wir uns gegenseitig die Füße gewaschen – wie Jesus seinen Jüngern – und nun schwiegen wir eben beim Essen. Anschließend würden wir in einer langen Liturgie Jesu Leiden und Sterben nachempfinden. Starke Männer würden ein riesiges Holzkreuz quer über den Burghof schleppen und wir würden singen und beten. Jeder versunken in seiner Andacht.

Aber jetzt saßen wir in dem großen Saal, der kühl war, obwohl draußen schon der Frühling erwachte. Die Mauern um uns dick, das Gewölbe über uns hoch. Wir waren vereint in dem Gefühl der Feierlichkeit. Ja, die Kirchenglocken blieben seit gestern stumm und bis zur Euphorie der Osternacht war es noch lange hin – aber es war feierlich. Die Schwere des Tages legte sich auf unser Gemüt, aber sie war süß und wir wollten sie empfinden.

Ich ließ meinen Blick über die Gesichter der anderen gleiten und sah überall eine tiefe Erhabenheit. Mir stockte fast der Atem. Die Trauer über die Kreuzigung Jesu konnte sich auf diesem Gefühl weit ausbreiten; wir empfanden sie intensiv. Und als das Osterfeuer prasselte, sprang die grenzenlose Freude auf uns alle über.

Dieses tiefe Gefühl von Karfreitag auf der Burg ist wohl der Grund dafür, warum ich auch heute die Fastenzeit feiere, anstatt sie einfach nur auszuhalten. Inzwischen habe ich vier Kinder. Feste mit ihnen zu feiern, bedeutet vor allem, Feste für sie zu arrangieren, dafür zu sorgen, dass sie einen Zauber erleben, der sich tief in ihr Herz einbrennt. Ich möchte, dass sie unsere christlichen Feste verstehen, die Geschichte dahinter kennen. Aber vor allem möchte ich, dass sie ein großes Gefühl damit verbinden; denn das hält länger als jeder Gedanke. Das ist meine Erfahrung. An Weihnachten und Ostern ist das noch einfach. Diese Feste liefern uns zahllose Rituale, Kerzen, Geschenke, Ostereier. Diese Feste sind strahlend, manchmal grell; sie drängen sich auf. Wir müssen nichts weiter tun und sie brechen über uns herein wie Wellen, die uns mitreißen. Das kann jeder.

Aber die Fastenzeit, das sind vierzig lange Tage, die auf das große Fest hinführen, denen aber selbst alles Festliche fehlt. In Kindergarten und Schule lernen die Kinder, dass es eine Zeit des Verzichts ist. Meine fünfjährige Tochter findet das gemein, weil sie ja gerade erst auf den Karnevalszügen lauter leckere Süßigkeiten gefangen hat, die sie jetzt nicht essen darf. Jedenfalls nicht von Montag bis Samstag. Jetzt haben wir Eltern also die undankbare Aufgabe, aus dieser Gemeinheit etwas zu formen, was die Kinder als sinnvoll anerkennen können. Als Bereicherung. Und ich finde sogar, man kann das Fasten feiern.

Die Fastenzeit ist die Vorbereitung auf Ostern. Wir Christen haben sechs Wochen lang Gelegenheit, in uns zu gehen. Wir können uns besinnen. Das, was uns sonst ablenkt, dürfen wir getrost außen vor lassen: Konsum, Maßlosigkeit. Das ständige Anhäufen von Dingen, Worten, Essen. Wir können Gewohnheiten prüfen und von uns werfen, wenn wir sie nicht mehr brauchen.

An Aschermittwoch, dem ersten Tag der Fastenzeit, wenn die Kinder mit ihren Aschekreuzen auf der Stirn nach Hause kommen, frage ich sie – und das ist das Ritual, das die Fastenzeit einläutet: Auf was wollt ihr verzichten? Die Jüngeren antworten dann zum Beispiel: Auf Süßigkeiten und Fernsehen. Und dann vereinbaren wir Regeln. Im Idealfall sprechen wir dann noch darüber, warum dieser Verzicht nicht nur gemein ist, sondern auch schön sein kann. Zum Beispiel haben wir in der Zeit, in der der Fernseher aus ist, Zeit für andere Dinge. Wir können vorlesen, zusammen die Kinderzimmer aufräumen (was gleichzeitig eine Art inneres Aufräumen ist und damit gut auf Ostern vorbereitet), die Oma besuchen usw. Das funktioniert am Anfang noch gut. Nach ein paar Tagen müssen wir dann nachjustieren. Der Hunger auf Schokolade wird übermächtig, der Fernseher prangt allzu präsent im Wohnzimmer – warum dürfen wir das alles noch mal nicht? Da hilft nur die stetige Wiederholung, das mantraartige Vorbeten der immer gleichen Vorteile. Stellt euch vor, wie groß eure Freude sein wird, wenn ihr an Ostern wieder Süßes essen dürft – so viel, bis es euch aus den Ohren wieder rauskommt. Und jetzt backen wir mal zusammen ein schönes Roggenbrot!

Ich gebe zu, es ist nicht immer einfach und erfordert Ausdauer, Geduld und starke Nerven. Aber so ist es ja mit dem Elternsein insgesamt, deshalb sind wir geübt.

Mein Ältester, das Schulkind, antwortet auf die Aschermittwochfrage inzwischen: Ich möchte auf Schimpfwörter verzichten. Und auf streiten. Wenn ich wütend bin, werde ich versuchen, trotzdem freundlich zu bleiben.

Und dann merke ich, dass ich genau das auch will. In diesem Moment wird die Fastenzeit zu etwas, das ich mit meinem Sohn auf Augenhöhe erleben kann. Wir können darüber reden, wie wir unser Ziel am besten erreichen. Wir können uns kritisch befragen, uns gemeinsam freuen, wenn es klappt. Und erleben, wie feierlich es sich anfühlt. Wenn der Verzicht vom ärgerlichen Gefühl des Mangels zu einer erholsamen Befreiung für die Seele wird, dann haben wir es geschafft.

Im Pfeilersaal der fränkischen Burg war es der Verzicht auf Worte, auf Lärm, der Platz gemacht hat für das Festtagsgefühl. Für eine Ergriffenheit, die sich unter der Haut ausbreitet und dort bleibt. Weit über Ostern hinaus.

Gründonnerstag

Der Gründonnerstag ist 1300 Jahre alt. Seit wahrscheinlich 800 Jahren trägt er seinen Namen. Er kommt vom „Greinen“, also vom Klagen. Am Gründonnerstag wurden Menschen, die ihre Bußstrafe abgeleistet hatten, in einem Versöhnungsgottesdienst wieder in die Kirche aufgenommen. Der Tag der Vergebung hat in einigen orthodoxen Kirchen überlebt. In der katholischen Tradition wird er auch als Fest der Einsetzung des Priestertums begangen. Dazu gehört der Ritus der Fußwaschung als Zeichen dafür, dass der geweihte Priester den Gläubigen zu dienen hat und seine Weihe ihn nicht über andere Menschen erhebt. Sie geht auf Jesus zurück, der am Vorabend seiner Hinrichtung vor dem Abendmahl seinen Jüngern die Füße wusch. Papst Franziskus setzt diese Symbolhandlung wie noch kein Papst vor ihm ein, um seine Botschaft klarzumachen. 2017 ging er dazu in ein Hochsicherheitsgefängnis südlich von Rom und wusch Häftlingen die Füße, darunter ein Muslim, der vor dem Übertritt zum Christentum stand, und drei Frauen. Zwei der Häftlinge waren zu lebenslangen Freiheitsstrafen verurteilt.

Die Kirchen der Reformation haben den Schwerpunkt wieder auf den Ursprung gelegt: An diesem Tag, dem Vorabend seines Sterbens, hat Jesus für die Einheit aller seiner Nachfolger gebetet, und er hat das Abendmahl/die Eucharistie eingesetzt. Es gibt Anzeichen dafür, dass das Abendmahl in die jüdische Pessachfeier eingebettet ist. Pessach wird in der Familie gefeiert, während die christlichen Feste mit Gottesdiensten verbunden sind. Aber längst haben sich Christen aller Konfessionen darangemacht, die Feste mit allen Sinnen zu erleben. Man kann den Gründonnerstag, das Gedenken an den letzten Abend, den Jesus mit seinen Jüngern zusammen verbracht hat, mit der Sederfeier inspirieren, dem Auftakt von Pessach, in der Juden den Auszug aus Ägypten feiern, den Weg aus der Abhängigkeit in die Freiheit, mit seiner Mühe, seinen Zweifeln und seiner Freude. Seder ist ein Familienfest mit rituellen Teilen, damit die Geschichte der Befreiung im Mittelpunkt steht, und mit symbolischen Speisen, die die Bitterkeit und die Süße des Weges in die Freiheit schmecken lassen. Das trifft sich mit der Einladung aus Psalm 34: Schmeckt und seht, wie freundlich der Herr ist! Sie wird im Abendmahl als Einladung zum Tisch ausgesprochen. Inzwischen feiern viele jüdische Gemeinden Seder auch in ihren Gemeindezentren und laden Gäste dazu ein.

Es geht darum, sich anregen zu lassen, nicht die Sederfeier zu imitieren oder nachzuspielen.

Christina Brudereck beschreibt hier eine Feier, die sich hat inspirieren lassen. Sie regt an, die Gemeinschaft untereinander zu genießen, die Beiträge der Teilnehmer, das Essen und Trinken, das die Fastenzeit beendet, und die Vorfreude auf Jesus, der an Ostern auferstanden ist. Diese Feier verbindet die Kirche mit den Einzelnen, den Mitgliedern und Gästen, und ist ein Vorbild darin, die Worte des Glaubens zum Leuchten zu bringen und zugleich auch in Gesten und Gefühle zu übersetzen, sodass sie sich in den Herzen verankern.

Essbare Erinnerung

CHRISTINA BRUDERECK, *geboren 1969, ist evangelische Theologin und Autorin.*
Foto © Thomas Janssen

Die lokale Gemeinde, in der ich zuhause bin, feiert am Gründonnerstag ein Feierabendmahl. An festlich gedeckten Tischen. Mit Kerzen und Rosen. Musik. Lesungen. Gemeinsamen Liedern. Nach einer gottesdienstlichen Stunde wird Essen serviert. Frisches Brot und dunkler Wein. Wasser, Lamm, Dattelpaste oder Hummus, Kräutersalat. Orangen.

Die einladende Gemeinde ist christlich. Die Veranstaltung ökumenisch und wird von Gästen mit verschiedenen Weltanschauungen und Einzelnen aus anderen Weltreligionen besucht.

Wir feiern kein Passah – wir sind ja keine jüdische Gemeinschaft. Wir erleben, was der Sinn aller religiösen Feier ist: zu staunen. Das Herz mit Vertrauen, Hoffnung und Liebe zu füttern. Kraft zu gewinnen. Bestärkung unserer Ideale. Halt. Zu erinnern, was sich bewährt hat. Was uns bewahrt – vor Verzweiflung, Zynismus und Gewalt. Wir brauchen Erinnerungen, Gedichte, Geschichten, Rituale. Bis etwas dazu wird, muss es sehr oft wiederholt werden. Ein Ritual ist eine heilige Unterbrechung. Das Atemholen im Alltag. Die mögliche Wende im „Immer-So-Weiter“. Der Moment für das Wunder im Sowieso.

Wir sagen deutlich: Uns ist klar, dass wir selbst keine Jüdinnen und Juden sind. Aber das Judentum ist die Wurzel, die uns trägt. Jesus von Nazareth wurde als Jude geboren, lebte und starb als Jude. Pessach und Passion sind beide Gemeinschaftserfahrungen. Beide sind essbare Erinnerung!

Ich liebe es, mich als Teil einer großen, alten Erzählgemeinschaft zu erleben.

Jüdische Lehrerinnen und Freunde haben unsere Feste mit ihren Texten und Weisungen inspiriert. Wir feiern auch, was uns gemeinsam ist: Beide, Passah und Passion, zeigen Gottes Leidenschaft für unsere Freiheit. Der Weg in die Freiheit führt durch Mühen, Wüste, Schmerz und Fragen und hat das neue Land zum Ziel.

Jüdinnen und Juden feiern Passah als Vorwegerfahrung: Einmal werden wir an Gottes großem Tisch zu Hause sein. Mit seiner Passion hat Jesus die Menschheits-Passion angenommen: Jede Erfahrung von Verrat, Enttäuschung, Einsamkeit, jedes nicht gehaltene Versprechen. So feiern wir Tischgemeinschaft und Wandlung. In derselben Hoffnung, einmal mit allen an Gottes Tisch zu feiern.

In der Nacht brach das Volk Israel auf aus der Sklaverei in Ägypten. Ein Weg, der durch die Wüste ins gelobte Land führte. Bis heute wird mit der Pessach-Festwoche daran erinnert. Am Abend vor seiner Verhaftung, in der Nacht, in der er verraten wurde, sehnte sich Jesus von Nazareth nach Gemeinschaft. Er lud in eine große Runde ein, um seine Passion zu teilen. Bis heute feiert die Kirche Abendmahl, Wandlung, Kreuz. Und mit dem Ostersonntag neues Leben.

Beide, Pessach und Passion, werden gefeiert zwischen „Hallo“ und „Auf Wiedersehen“.

In jedem Jahr leitet uns ein Thema, ein Symbol oder Wort.

Das Licht der Kerzen. Das Brot. Abschied und Flucht. Die offenen Türen. Der Weg.

Zu Beginn sagen wir: „Willkommen, wer auch immer du bist. Was auch immer du mit diesem Tag verbindest. Was du mitbringst an Tradition oder Ahnungslosigkeit. An Neugier und Erfahrung. Willkommen, was auch immer du glaubst. Wie du Gott nennst – oder ob überhaupt. Wo auch immer du dich befindest auf deiner Lebensreise. Wen auch immer du liebst. Willkommen." Wir vertrauen: Gott heißt uns alle willkommen.

Wir singen es: „God welcomes all, strangers and friends", Gott heißt alle willkommen, Fremde und Vertraute. Wir singen auch: „Gott ist die Liebe. Wagt für die Liebe alles zu geben." Und: „Du bist heilig, du bringst Heil, bist die Fülle, wir ein Teil der Geschichte, die du webst. Oder: „Return again." Ein Lied von Neshama und Shlomo Carlebach, einem Rabbi und seiner Tochter. Es singt: „Komm zurück. Ins Land deiner Seele. Finde zurück zu der Person, die du bist. Kehr um zu dem, was du bist. Wende dich dem Ort zu, an dem du geboren wurdest und wieder geboren wirst." Der Flügel, die Geige, die verschiedenen Stimmen füllen den Raum.

Ein Text wird seit vielen Jahren gelesen. Mit ihm wird erzählt, wie die Orangen auf den Seder-Tisch kamen. Nach Worten von Anita Diamant, die weitergibt, wie Susannah Heschel diesen Brauch einbrachte, der sich schnell verbreitete:

Jede jüdische Familie hat ihre eigene, einmalige Version der Passah-Feier:
Traditionale Rezepte, bestimmte Gerichte, Rituale, Geschichten und Lieder.
Überrascht entdecken wir die Rituale von anderen.
„Ihr bratet eine ganze Lammkeule?" Ihr singt nicht „Chad Gad Ya?"
„Ihr erzählt Jerusalem-Geschichten?"

Aber bei allen Unterschieden gibt es doch eine Menge von Gemeinsamkeiten.
Überall liegen Brotkrümel auf dem Boden.
Überall haben die weißen Tischtücher am Ende Weinflecken.
Und auf einem Teller finden sich die typischen Symbole:
Lammfleisch, das an Verschonung erinnert.
Ein hartgekochtes Ei, das an neues Leben erinnert.
Salzwasser, das an die Tränen erinnert.
Bitterkräuter, die an Unterdrückung erinnern,
Petersilie für den Frühling, Nuss-Creme, die an die Ziegel erinnert.
Und für viele von uns kommen noch Orangen dazu.
Die Hebräer, die durch die Wüste fliehen mussten, kannten keine Zitrusfrüchte.
Und auf dem Passah-Tisch meiner Großmutter fand sich keine Valensina.
Aber irgendwann in den 80er-Jahren tauchten auf den Passah-Tischen Orangen auf.
Dieser Brauch wurde von Susannah Heschel ausgelöst.
Für sie war es ein Symbol dafür, homosexuelle Jüdinnen und Juden mit einzuladen.
In den kommenden Jahren wurde es zu einem Symbol für alle,
die in unserer Gemeinschaft unterdrückt worden waren,
beleidigt oder an den Rand gedrängt.
Dank des Internets konnte sich der Brauch schnell verbreiten.
Viele jüdische Frauen nahmen die Idee auf
und legten jetzt zusätzlich Orangen auf den Feierabendtisch.

Die Orangen stehen auch für die kreative Frömmigkeit derer,
die die Tradition achten, aber sich nicht scheuen, neue Symbole hinzuzufügen.
So gibt es zum Beispiel auch den Miriam-Becher,
der an die Rolle von Moses Schwester erinnert, die mutige

Tänzerin, Sängerin, Prophetin.
Und einige fügen noch eine weitere Frage hinzu:
„Warum sitzen wir nicht gerade am Sedertisch? Warum hängen wir ab?“
Und die Antwort heißt: „Weil freie Menschen es sich gemütlich machen.“
Eins der Kinder in meiner Familie, das noch nicht religionsmündig ist, fragt,
wie bei den anderen Symbolen auch: „Warum essen wir heute Orangen?“
Und dann antwortet eine erwachsene Person:
„Ich bin so froh, dass du danach fragst.
Die Orange ist ein Zeichen für den Kampf für alle,
die ignoriert wurden von unserer Tradition.
Lesben und Schwule, Frauen, Juden, die konvertiert sind,
alle sollen sich als vollwertige Mitglieder unserer Gemeinschaft verstehen,
als gleichberechtigte Mitglieder unserer Religion.
Alle können Rabbis werden, Rabbinerinnen, Kantoren, Lehrende
und alle können Leitung übernehmen.
Die Orange ist auch ein Zeichen für die Zukunft,
in der vielleicht die Kinder neue Symbole auf den Tisch legen werden.
Die Orange ist süß und gesund, sie hat etwas Verspieltes und etwas Andächtiges.
Dieser Gott, der den Himmel schuf und die bunte Erde,
dieser Gott, der uns in die Freiheit führte,
dieser Gott liebt Verschiedenheit und Wandel.
Und bestimmt auch Orangen.“

(Von Anita Diamant, übersetzt und nacherzählt von CB)

Das Besondere der Jahreszeiten ging in meinem Elternhaus einher mit dem Bewusstsein für das Kirchenjahr. Seine Feste und Feiern, Pausen und Lieder, das Fasten wie das Essen begleiteten treu das natürliche und das Kalenderjahr.

So habe ich meine Seele daran gewöhnt, mit den Festen zu leben. Die große Erzählung von Jesus, dem Christus, gibt meinem Leben den Rhythmus. Ich feiere im Advent die Schönheit des Wartens. Die Vorfreude auf die Ankunft des Heiligen, seine Nähe. Die Türen zu öffnen in einer Welt, die uns so oft Türen zuschlägt. Ich liebe das Geheimnis von Weihnachten. Geboren in der Mitte der Welt. Und dass Jesus weiß, was es heißt, ein Mensch zu sein. Dass er diese Welt kennt mit ihren vielen irritierenden Erfahrungen. Er muss so schreckliches Heimweh gehabt haben ... Die Hingabe. Das Widerständige, die Empathie. Dass er nicht über diese Erde stolzierte, sondern sich tief eingegraben hat. Ich teile die Überzeugung seiner Passion: Freiwillig übernommenes Leiden hat verändernde Kraft. Und wer wäre ich ohne Ostern? Auferweckung, diese gründlichste Unterbrechung. Sonntagsenergie, Trotzkraft, die ich dringend brauche in dieser Welt. Jeder Sonntag erinnert mich wieder und wieder: Die Liebe ist stärker als der Tod.

Jeder Frühling feiert mit mir die Auferstehung des Lebens. Zur Vorbereitung auf das große Osterfest hat der Gründonnerstag über viele Jahre eine besondere Bedeutung für mich gewonnen.

Die Festlichkeit. Die Erwartung. Die Lieder der Freiheit. Die Gäste! Menschen, die regelmäßig die Gottesdienste besuchen und andere, die dazukommen. Ich freue mich auf den Wein, mit dem ich an diesem Abend meine Fastenzeit beende und auf das Leben anstoße. Die Kerzen! Die Musik. Das leckere Kochen. Und das Spülen am Ende. Unsere Erzählgemeinschaft. Die Treue. Das Besondere und das Selbstverständliche – nie muss ich überlegen, was ich an diesem Feiertag zu tun habe. Es ist alles bereit.

Karfreitag

Die frühe Kirche hat Karfreitag als Gedenken an den Tod Jesu am Kreuz festgelegt. Damit ist der Karfreitag der erste der drei Tage bis zum Osterfest. Zugleich sind die drei Tage seit frühester Zeit die dogmatisch wichtigste Feier der Christenheit. Denn sie vollziehen das Leiden, Sterben und die Auferstehung Jesu nach. Durch Jesu Tod am Kreuz, mit der Todesstrafe für Sklaven, versöhnt Gott die Menschen mit sich selbst, er erlöst sie vom Gesetz der Schuld, das immer neue Schuld nach sich zieht. In der Auferstehung geht Jesus den Menschen voran in das neue, ewige Leben in der Nähe Gottes, da, wo das Grundgesetz der Liebe herrscht. Das ist schwer und ernst. In den Kirchen wurden Altäre geschlossen und verhüllt, das Lob Gottes verstummte, um eine Ahnung davon zu erzeugen, welche Schmerzen und welches Leid es Gott kostete, die Menschen zu erlösen. „O große Not, Gott selbst ist tot", dichtete der Pfarrer Johann Rist 1641. Sein Lied wurde nur entschärft ins Gesangbuch aufgenommen: „O große Not, Gotts Sohn ist tot." Vielleicht wegen ihrer Schwere mussten die drei Tage ihren tatsächlichen Rang beim Feiern an Weihnachten abgeben.

Unter dem Einfluss der rationalen evangelischen Frömmigkeit ist das Nachempfinden des Todes Jesu in die Kirchenmusik ausgewandert. Evangelische Predigten betonten, dass der Tod am Kreuz weniger Gefühle auslösen als eine Entscheidung empfehlen soll: Nehme ich den Tod am Kreuz als Geschehen für mich an, will ich in das neue Leben eintreten? Doch ganz ohne Nachempfinden geht es nicht: Die Karfreitagskonzerte meiner Kantorei enden still, ohne Applaus.

Zugleich haben die Kirchen mit dem Sterben des Gottessohns Macht ausgeübt. Das Kreuz, das Siegeszeichen über Hölle, Tod und Teufel, wurde auch zum Emblem der Herrschaft über die Welt – und zum Zeichen der Regierungsgewalt. Es zierte und ziert Kronen, Reichsäpfel und Bischofsstäbe und brachte Verfolgung und Leid über unterlegene Völker und über Minderheiten und Andersdenkende. Im Roman *Der Letzte der Gerechten* des französischen Schriftstellers André Schwarz Bart erklärt der junge Jude Erni seiner Freundin Golda 1942 im besetzten Paris, warum die Christen Juden hassen. Seine Erklärung: Christen hassen Jesus, ohne es zu wissen, „und deshalb nehmen sie das Kreuz am andern Ende und machen ein Schwert daraus und schlagen uns damit."

Gehört es zur Machtausübung, dass der Karfreitag zu den Stillen Feiertagen oder Gedenktagen zählt, an denen die Gesetze Märkte, Spiel, Musik und Tanz verbieten? Von Jahr zu Jahr versucht eine Koalition aus Grünen, FDP und Verbänden von Konfessionslosen, das Verbot zu lockern, manchmal unterstützt von Gastronomen und Musikveranstaltern. 2016 erreichte der atheistische „Bund für Geistesfreiheit" in Bayern einen Teilerfolg. Ihm hatte die Stadt München eine Veranstaltung unter dem Thema „Heidenspaß statt Höllenqual – religionsfreie Zone München" verboten. Das Bundesverfassungsgericht fand das ausnahmslose Verbot solcher Veranstaltungen nicht verfassungskonform. Zwar sei der gesetzliche Schutz von Feiertagen richtig, doch müsse im Einzelfall zwischen Feiertagsschutz und Versammlungsfreiheit abgewogen werden. In der Bevölkerung dagegen stoßen die „Stillen Tage" auf Zustimmung. Eine stabile Mehrheit um die 60 Prozent, sagen Umfragen, findet Tanzverbote richtig. Seitdem versuchen Länder und Kommunen, die Zeitfenster der Verbote kleiner zu machen. Fachleute wie der Jurist Fabian Wittreck aus Münster vermuten, dass es mit mehr religiöser Vielfalt auch mehr Ausnahmen geben wird – und die Bereitschaft, sie zu erteilen.

Offenbar wird der Karfreitag aber nach wie vor verstanden. Es kommt also darauf an, dass Kirchen und Christen seinen Sinn im öffentlichen Gedächtnis lebendig halten, freundlich und einladend. Dazu müssen sie ihn vor allem begehen – in der Kirche und danach.

Laura Díaz hat sich ihm auf dem Hintergrund einer katholischen Geschichte unbefangen genähert. Für sie ist er von einem schlechten zum guten Feiertag geworden. Sie hat ihm ihren eigenen Sinn gegeben.

Talk-Box und Ben Hur

LAURA DÍAZ RUDILLA, *geboren 1990 in Essen, ist ein Kind des Ruhrgebietes mit spanischem Migrationshintergrund. Sie ist Redakteurin bei ZDF Digital. 2016 gehörte sie zu den „30 unter 30" des Medium Magazins und damit zu den wichtigsten deutschen Nachwuchsjournalisten.*

Als Kind gab es in meiner Welt eigentlich nur zwei Sorten von Feiertagen: gute Feiertage und nicht so gute Feiertage. Zu den guten Feiertagen zählten all jene, die Spaß machten, auf die man sich schon lange im Vorfeld freute: Heiligabend und Ostersonntag, im Rheinland auch der Rosenmontag. Die Eltern hatten frei und man selbst bekam Geschenke oder Süßigkeiten, weil das Christkind, der Osterhase oder sonst wer kam. Die Aufregung war groß und die Stimmung ausgelassen, es wurde gefeiert und man traf sich mit den Tanten und Onkeln. Als Kind waren die guten Feiertage wirklich gut. Allein die Erinnerung daran macht glückselig.

Aber dann gab es ja eben noch die schlechten Feiertage, die unlustigen und langweiligen – die „stillen" Feiertage. Sie waren zwar in der Anzahl weniger, jedoch zogen sie sich dafür besonders in die Länge. An vorderster Front: der Karfreitag. Der Karfreitag war für mich und meine Schwester der Inbegriff der schlechten Feiertage, erst mit weitem Abstand kam Allerheiligen. Als Kind war der Karfreitag furchtbar, vor allem furchtbar traurig: Jesus stirbt. Am Kreuz. Qualvoll! Es gibt keine Geschenke, erst recht keine Süßigkeiten, weil Fast- und Abstinenztag; stattdessen Fischeintopf zum Mittagessen und finstere Mienen am Tisch. Denn so fröhlich und beschwingt wir Gottes Geburt feierten daheim, so staatstragend-ernst war auch der Karfreitag. Christliche Erziehung ist eben kein Zuckerschlecken.

So kam es, dass ich als Kind an Karfreitag manchmal weinte. Denn ich wusste, dass Menschen geboren werden, und ich wusste, dass Menschen sterben. Doch den Teil mit der Auferstehung begriff ich erst viele Jahre später. Karfreitag stammt vom althochdeutschen Wort „Kara" ab, was so viel bedeutet wie Klage oder Trauer, und traurig, das war ich wirklich. Traurig und wütend wegen der großen Ungerechtigkeit und Boshaftigkeit der Menschen. „Warum haben die ihn umgebracht? Das ist unfair, der hat doch nichts getan." Es gab keine Antwort, die mich besänftigte. Das ganze Elend der Welt schien sich an diesem Tag über mich zu ergießen. Eltern müssen über den Kommunionunterricht froh sein.

Heute, mit Ende 20, weine ich nicht mehr an Karfreitag. Mir ist ja mittlerweile das Drama gut bekannt. Mit ernster Miene sitze ich trotzdem weiterhin am Tisch und schlürfe wie in meiner Kindheit den besagten Fischeintopf meiner Mutter, den es in selber Rezeptur jedes Jahr gibt. Feiertage und Traditionen, das geht einher. Ich kann mich noch gut erinnern, wie meine Schwester das ein Jahr vergaß, also den Fleischverzicht, und sich morgens eine Wurst aufs Brot klatschte. Als ihr das Missgeschick auffiel, plagte sie das schlechte Gewissen. Papa versuchte sie zu trösten, doch sie war überzeugt, gegen ein schwerwiegendes Verbot verstoßen zu haben. Heute ist uns bewusst, dass es beim Fischessen eher um die Symbolik geht. Mit dem Verzicht auf Fleisch denken wir an den Tod von Jesus am Kreuz. Doch damals sah sich meine Schwester auf der Schwelle zur Hölle. Dabei gab es nicht mal Ärger von unseren Eltern.

Aber dieses Gefühl des fehlenden Respektes vor Gottes Sohn, die Angst, es sich im Himmel richtig verscherzt zu haben, war für eine Siebenjährige zu viel.

Der Karfreitag ist nicht nur ein stiller Feiertag und einer der höchsten Feiertage des Christentums, er ist auch ein Tag, an dem nach wie vor die engste Familie zusammenkommt. Obwohl wir mittlerweile in verschiedenen Bundesländern leben, in festen Beziehungen stecken, der Karfreitag lädt immer wieder dazu ein, zusammenzukommen. Tatsächlich – auch wenn es kitschig klingen mag – ist der Karfreitag vergleichbar mit dem Todestag eines guten Freundes, den man in Erinnerung behalten will. So zelebrieren wir den Karfreitag einerseits klassisch katholisch, wie viele andere dies in diesem Land wohl auch tun, andererseits auch entspannt bis unspektakulär. An dem Ablauf hat sich in den vergangenen Jahren kaum etwas geändert.

Klassisch: Der Gottesdienst. Wie in den meisten Kirchen findet er in meiner Heimatgemeinde um 15 Uhr statt, zur überlieferten Todesstunde Jesu. Wobei es vor dem Einzug draußen noch eine kurze Prozession gibt. In der Karfreitagsliturgie läuft fast alles anders ab als gewohnt: Wortgottesdienst statt Eucharistiefeier, die Glocken läuten nicht, keiner spielt Orgel. Der Priester legt sich vor dem Altar auf den Boden, die Leidensgeschichte Jesu wird erzählt und die Gemeinde kniet sehr, sehr lange. Das verhüllte Kreuz wird in die Kirche getragen und später enthüllt. Es herrscht überwiegend Stille, fast wie bei einer echten Beerdigung. Gebannt und ehrfürchtig blickt man auf das Christuskreuz. Ein paar Küsse auf einen Fuß von Jesus. Amen. So unheimlich und seltsam wie früher finde ich die Karfreitagsandacht nicht mehr.

Unser Pfarrer meinte einmal, der Karfreitag sei quasi der Silvester unter den Feiertagen und der Ostersonntag das Neujahr. Zuerst fand ich den Vergleich unpassend, eigentlich sogar blöd, weil man ja an Silvester ordentlich feiert und sich feuchtfröhlich betrinkt, während man an Neujahr verkatert in den Federn liegt. Doch er wollte damit sagen: Der Karfreitag bietet die Chance, innezuhalten, nachzudenken und alles Revue passieren zu lassen, sich als Christ auf das Wesentliche zu besinnen, auf Jesu Kreuzestod, der die Sündenvergebung und damit die Errettung aus dem Tod in das ewige Leben ermöglicht. Man darf den Karfreitag nicht isoliert betrachten. Die Geschehnisse müssen im Kontext von Ostern und Christi Himmelfahrt verstanden werden. Ansonsten wäre der Karfreitag ohne das Jesus-Comeback wirklich unerträglich. So heißt es: Einmal durchs Tal der Tränen, damit zwei Tage später wieder die Sonne scheinen kann. Oder, in den Worten unseres Priesters: So wie es ohne Silvester kein Neujahr gibt, so gibt es ohne Karfreitag auch kein Ostern, keine Auferstehung Jesu.

Nach dem Gottesdienst geht es nach Hause, wo dann der eher gemütliche Teil unseres Karfreitags beginnt. Manche Familien mögen an dem Tag basteln oder lesen, bei uns ist es seit jeher üblich, mindestens einen Monumentalfilm zu schauen. Es gibt exakt zwei zur Auswahl – und beide mit Charlton Heston in der Hauptrolle: „Ben Hur“ oder die „Die zehn Gebote“. Wobei seit Jahren eigentlich immer „Ben Hur“ gewinnt, der oscarprämierte Film aus dem Jahre 1959. Basierend auf dem gleichnamigen Roman von Lew Wallace, geht es um den fiktiven Juden Judah Ben-Hur, der zeitgleich mit Jesus in Jerusalem lebt. Die Kurzfassung: Das Leben von Ben-Hur nimmt unzählige Wendungen, er wird wegen einer Ungerechtigkeit versklavt, kommt frei, verliert seine Familie aus den Augen, will Rache an einem ehemaligen Freund nehmen und begegnet zum Ende des 222-minütigen Films Jesus auf seinem Kreuzweg.

Für Historiker muss der Blockbuster ein Grauen sein. In vielen Kritiken heißt es, der Film sei von Fehlern durchzogen. So habe es im Römischen Reich bei den öffentlichen Rennen gar keine Wagen mit rotierenden Messern gegeben wie im Film, die

die Speichen des gegnerischen Wagens hätten zerstören können. Regisseur William Wyler hat da wohl der Spannung etwas nachgeholfen. Und dennoch zählt Ben Hur zu den TV-Klassikern an Ostern. Wer ihn nicht als DVD oder sogar noch als VHS zu Hause liegen hat, kann auf einschlägige Fernsehsender wie Kabel 1 oder RTL II vertrauen. Irgendwo läuft der Monumentalfilm immer. Vielleicht auch, weil die Auswahl für die Sender begrenzt ist: 700 Filme sind nach Prüfung der Freiwilligen Selbstkontrolle an stillen Feiertagen wie Karfreitag gesetzlich untersagt.

Das Gute bei Filmen, die man schon 40 Mal gesehen hat: Man muss nicht jedes Wort hören, sondern kann zwischenzeitlich einen Tee kochen oder sich erzählen, was einen gerade bewegt. Ben Hur ist für uns ein angenehmes Hintergrundrauschen, eine Art Impulsgeber, um ins Gespräch zu kommen. Es gibt auch gut durchdachte Spiele, die zum Reden und Reflektieren animieren, zum Beispiel die Talk-Box „Glaubenssachen für Nach- und Umdenker“: In einer Schachtel befinden sich 120 Karten mit Fragen und Aussagen rund um das Thema Spiritualität, Religion und Glauben. Die Spieldauer hängt von der Kommunikationsfreudigkeit der Gruppe ab. Wenn man sich darauf einlässt, können daraus spannende Gespräche und Einblicke erwachsen.

Zählte der Karfreitag in der Kindheit also zu den unangenehmen Feiertagen, ist er heute einer meiner liebsten. Denn er bietet die Möglichkeit, sich aus unserer schnelllebigen Gesellschaft mal auszuklinken. Der Karfreitag ist im Grunde das, wonach sich viele Menschen an Weihnachten sehnen: Ein Tag der Ruhe, um herunterzukommen, abzuschalten, um zu entschleunigen. Ohne Trubel und Tumult das Miteinander im Kreise der Liebsten genießen, ohne Konsum und Kommerz. Auch wenn der Karfreitag manchmal zu Wehmut führen mag: Heute weiß ich ja, dass die Trauer, die Christen an diesem Tag verspüren, sich bald schon in unermessliche Freude wandelt.

Karsamstag

Der Zwischentag zwischen Karfreitag und Ostersonntag ist ins Glaubensbekenntnis der westlichen Christenheit eingewandert. Im Apostolikum bekennen die Besucher eines anglikanischen, evangelischen oder katholischen Gottesdienstes, Jesus sei „hinabgestiegen in das Reich des Todes". Bis 1970 hieß die Passage „niedergefahren zur Hölle". Die Tradition hat den Abstieg Jesu in die Unterwelt auf den Karsamstag gelegt.

Seine Botschaft lautet: Im Tod gewinnt Christus die Macht auch über den gottfernsten Bereich, der sich denken lässt. Denn das Totenreich ist nach den Psalmen der Ort, wo niemand Gott lobt, wo sich keine Stimme erhebt, um ihm die Ehre zu geben.

Die Glaubensüberzeugung vom Hinabsteigen geht auf zwei Bibelstellen zurück. In Epheser 4,9 heißt es über Christus: Dass er aber aufgefahren ist, was heißt das anderes, als dass er auch hinabgefahren ist in die Tiefen der Erde? Und Petrus sagt in seinem ersten Brief (3,19): In ihm (Gott) ist er (Christus) auch hingegangen und hat gepredigt den Geistern im Gefängnis (wörtlich: im Untersten).

In apokryphen Schriften, vermutlich aus syrischen Quellen, wird der Abstieg Christi in die Hölle breit ausgemalt. Jesus trifft dort auf die alttestamentlichen Vorfahren. Adam kniet da, Eva hebt flehend die Hände, auch die Könige David und Salomo sowie Johannes der Täufer gehören zum ikonografischen Programm dieser Szene. Unter den Füßen Christi aber ist der gefesselte Satan zu sehen. Die zersprungenen Höllentüren liegen kreuzweise übereinander. Im Abstieg zu den Toten vollendet sich das Heilswirken Jesu. Das bedeutet: Die Erlösung bezieht sich auf alle Menschen aller Zeiten und Orte. Die orthodoxe Frömmigkeit hat die Bilder aufgenommen.

Das Drama des Abstiegs ist seit dem 13. Jahrhundert auch in die mittelalterlichen Passionsspiele eingewandert. Von da hat es sich ins gesellschaftliche Gedächtnis eingegraben. Die meisten Passionsspiele fielen dann der Aufklärung zum Opfer. Die Spiele von Oberammergau gehören zu den wenigen, die überlebt haben. In der östlichen Orthodoxie ist der Abstieg das zentrale Osterbild geblieben, denn dort ist man überzeugt, dass die Niederfahrt ins Reich des Todes die eigentliche Erlösung bedeutet.

Katholische Theologen der Neuzeit wie Hans Urs von Balthasar haben die Erzählung neu gedeutet – als die Gottverlassenheit, die Christus durch seinen Tod auf sich genommen hat, um auch Menschen nahe zu sein, die sich gegen ihn entscheiden.

Der Tag bleibt dunkel und zwiespältig, aber auch feierlich, denn in ihm kündigt sich Ostern an. Dass Christus an den gottfernsten Ort geht und damit alle Lebensräume für seine Herrschaft der Liebe im Angesicht Gottes gewinnt, nimmt dem Totenreich und dem Karsamstag den Schrecken.

Wie kann man die Erinnerung daran wecken? Karsamstag ist auch der Einkaufstag für die beiden Ostertage. Oder ein Tag im Osterurlaub. Manche Familien haben Glück. Wie die von Heidi-Marie Lindekleiv, der Reporterin der norwegischen Tageszeitung *Vårt Land*. In ihrer Familie hat sich eine Tradition entwickelt. Es braucht dazu nicht mehr als Sensibilität für den Feiertag.

Fragmente eines vergessenen Tages

HEIDI MARIE LINDEKLEIV, *geboren 1983, ist eine norwegische Journalistin. Sie studierte an der Universität von Oslo und an der School of Oriental and African Studies (SOAS) der Universität London „Geschichte der Ideen" und arbeitet für die norwegische Tageszeitung Vårt Land.*

Alles, was wir am Karsamstag machen können, ist warten – warten, bis sich alles ändert.

Als ich ein Kind war, war Karsamstag nie etwas Besonderes. Er lag zwischen Karfreitag und Ostersonntag, und im Gegensatz zu den anderen Tagen der Karwoche waren die Geschäfte geöffnet. Und abgesehen von ein paar Besorgungen würden wir an dem Tag nichts Besonderes machen. Damals lebte meine Familie in Slidre, einem dünn besiedelten Dorf in der Mitte Norwegens, und hier hatte man nicht das Bedürfnis, Ostern in den Bergen zu verbringen, wie es so viele Norweger tun. Einfach, weil wir hier wohnten – die Ski-Loipen waren direkt vor unserer Haustür.

Da beide Eltern in der Kirche arbeiteten, mein Vater als Pfarrer, meine Mutter als Kantorin, könnte man vermuten, dass wir zahlreiche Ostertraditionen hatten. Aber in Bezug auf Karsamstag ist mir keine bewusst, außer dieser einen: Als ich an diesem Tag draußen im Schnee gespielt habe, war meine

Mutter gerade dabei, das Abendessen vorzubereiten. Das Essen war nichts Außergewöhnliches, aber es war ein Gericht, das wir an keinem anderen Tag im Jahr essen würden: „Ei im Nest". Ein Ei eingepackt in ein Brötchen – eines für jedes Familienmitglied. Irgendwie wurde es für mich zum Kennzeichen für Karsamstag.

Ich musste erst erwachsen werden um festzustellen, was Karsamstag war. Und wir mussten in die Stadt umziehen. „Bypåske", Stadt-Frühling, das ist tatsächlich die Bezeichnung hier in Norwegen, im Gegenzug dafür, dass man nicht in den Ferien wegfährt. Die geschäftige Atmosphäre der Stadt verändert sich völlig. Während der Woche merkt man so langsam, wie sich das auf einen selbst auswirkt. Oft beginnt in diesem Zeitraum auch der Schnee zu schmelzen. Die Straßen werden wieder eisfrei und grüne Triebe sprießen in den Ritzen im Asphalt. Ähnlich geht es auch einem selbst. Die seltene Ruhe, die sich über die Stadt legt, schärft die Sinne und lässt einen jedes noch so kleine Detail sehen, hören und riechen. Meistens dauert es ein paar Tage, bis man an diesem Punkt ist. Aber am Karsamstag klart das Bild dann endgültig auf: Die Zeichen von neuem Leben finden sich überall.

Der Tag an sich hat sich nicht groß verändert. Wir machen nicht viel. Am Abend treffen wir uns dann aber zu einem gemeinsamen Familienessen im Haus meiner Eltern. Der Tisch wird dann mit gelben Deko-Elementen geschmückt – wie in meiner Kindheit. Nur die schmuddeligen, alten Hühner wurden mittlerweile durch neue Figuren ersetzt, die die Kinder meines Bruders gebastelt haben. Käse, Salate und Gemüse werden auf den Tisch gestellt. Den Höhepunkt bildet das „Ei im Nest". Wir verbringen ein paar Stunden gemeinsam, essen und reden über Gott und die Welt. So kam es, dass ich meine Mutter während einem dieser jährlichen Treffen fragte, ob wir den Abend schon immer so verbracht hätten. Von ihr erfuhr ich, dass es wesentlich mehr mit diesem Tag auf sich hat, als ich vermutet hatte.

Genauso wie ich erinnerte sich meine Mutter nicht an viele Details, was den Karsamstag ihrer Kindheit und Jugend anging. Tatsächlich schuf sie ihre eigene Tradition, als sie in den 1970er-Jahren als Kantorin am Stadtrand von Oslo arbeitete. Während dieser Zeit hatten einige Kirchen der Hauptstadt angefangen, einen Gottesdienst in der Osternacht zu feiern – eine Tradition, die bis in die Antike zurückreicht, aber seit Jahrhunderten nicht in Norwegen praktiziert worden war. Eine kurze Suche im Medienarchiv der Staatsbibliothek und einigen alten Gottesdienstbüchern bestätigte, was meine Mutter mir erzählt hatte. Bis zu den 1960er-Jahren gab es keinen einzigen Hinweis darauf, dass Osternachtsfeiern in den lutherischen Kirchen des Landes gefeiert wurden. In dieser Situation – ohne offizielle Liturgie, keine Traditionen, auf die man zurückgreifen kann – wurde eine eigene Zeremonie ins Leben gerufen. Einige der Texte, die in die Lesung aufgenommen wurden, stammten direkt aus der Feier des Sederabends, dem jüdischen Pessachmahl. Während des Sederabends wird den Kindern unter anderem die Geschichte des Auszugs aus Ägypten nacherzählt. Traditionellerweise stellt das jüngste Kind dem Vater eine Reihe Fragen, wie etwa: „Warum feiern wir dieses Fest? Weshalb ist dieser Abend anders als alle anderen?“ Die Erzählung meiner Mutter zu den Fragen, die in die Zeremonie eingebettet wurden, weckte eine freudlose Erinnerung in mir. Die Fragen waren mir einst gestellt worden. Meine Mutter erklärte, dass sie und mein Vater nach der Hochzeit aufs Land gezogen seien und dass sie einige der Traditionen aus ihrer alten Kirche auch in die Familie bringen wollte. Unser Karsamstagsmahl sollte ebenfalls dem Sederabend nachempfunden werden. Was anscheinend nicht allzu erfolgreich war. Vielleicht, weil ich, die Jüngste, nicht genug Sitzfleisch gehabt hatte, um stillzusitzen und Fragen zu stellen – ganz zu schweigen davon, dass ich auch nicht die Geduld hatte, die Antworten abzuwarten. Irgendwann hatte mein Bruder dann das „Ei im Nest“ eingeführt, weil er in der Schule gelernt hatte, wie man es zubereitet. Dementsprechend kaperte die Aufregung um das Ei im Nest den ganzen Abend.

Meine Mutter ist in den Nachwehen des Zweiten Weltkriegs aufgewachsen. Sie erzählte mir, dass sie im Rückblick hatte feststellen müssen, dass der Karsamstag schon immer ein recht traditionsloser Tag gewesen war. Am Abend würden die Kirchenglocken zwar eine Stunde lang läuten, ähnlich wie am Abend des 24. Dezember, zu Beginn des Heiligabends. Jedoch ging man erst am nächsten Morgen zur Kirche. In ihrer Familie versammelte man sich zwar auch zum Abendessen, jedoch gab es auf keinen Fall Fleisch, schließlich war der Karsamstag noch ein Tag des Fastens. Sie erinnerte sich jedoch daran, dass sie in einem Jahr mitten in der Nacht zum Lunkefjell, einem Berg in der Nähe von Lillehammer, aufgebrochen war, um den Sonnenaufgang zu erwarten.

Unser Gespräch sollte der Beginn einer selbstauferlegten Schatzsuche sein. Ich wollte mehr über diesen Tag herausfinden, der mir inzwischen so sehr ans Herz gewachsen war. Also fing ich an, in Büchern nachzulesen, Zeitungsartikel herauszusuchen und die Geschichte zu recherchieren. Ich fand heraus, dass die Reise zum Lunkefjell keine Ausnahme war. „Jesus ist Sonne und Schild“ war ein alter Ausdruck, der in diesem Kontext herangezogen wurde. In der Osternacht auf dem Land kletterte die Kirchenjugend oft auf die nächstgelegene Erhebung, eine Bergspitze oder einen Hügelgipfel, um die Sonne zu begrüßen – und damit die Auferstehung Christi. Der Schild stand für den Schutz gegen die dunklen Mächte. Wie ich in meiner Recherche in volkstümlichen Quellen erfuhr, war das auch am Karsamstag durchaus nötig. Es ist erstaunlich, wie viele Karsamstagsbräuche tief im Volksglauben an dunkle Mächte verwurzelt sind: In der Asche der Feuerstelle konnte man Omen des Todes sehen, diejenigen, die ein Gewehr besaßen, feuerten den „Osterschuss“ ab – um die Osternacht zu begrüßen und die Påskekjerringa, die „Osterhexe“, zu erschießen – und die Bauern malten ein Kreuz über die Türen ihrer Häuser, um sich und ihr Vieh zu schützen.

Natürlich hat die Nacht auch eine tiefere Bedeutung. Nach dem Geläut der Kirchenglocken war es an der Zeit, die Trauer hinter sich zu lassen und sich auf den Ostermorgen vorzubereiten. Dazu gehörte ganz normal, dass man sich in der Familie und mit den Nachbarn zu einem warmen Abendessen zusammensetzte. Das war ein willkommener Teil des Tages, schließlich hatten alle den Tag über gefastet und hart gearbeitet. Im Gedenken an das Leiden Christi war es der einzige Tag in der Karwoche, an dem man arbeiten durfte. Eine weitere interessante Entdeckung war das fast vollständige Fehlen offizieller kirchlicher Traditionen für den Karsamstag. Der Folklorist Ørnulf Hodne argumentiert in einem seiner Bücher, dass die Zeremonien und Traditionen der Osternacht nach der Reformation von der katholischen Kirche unterdrückt worden waren und die evangelische Kirche die alten Formen nie mit neuem Glauben hatte füllen können, was wiederum die Tür für volkstümliche Karsamstagstraditionen öffnete.

Hat sich das mittlerweile geändert? Vielleicht frage ich mich das, weil mir aufgefallen ist, dass die Tradition, die meine Mutter als junge Organistin ins Leben gerufen hatte, inzwischen weite Kreise gezogen hat, wenn auch hauptsächlich im städtischen Kirchenkontext. Ich persönlich habe festgestellt, dass es mir inzwischen wichtig geworden ist, die Ostergeschichte in meiner Kirchengemeinschaft zu erleben. Vor allem, da ich in der Karwoche öfter einen kleinen Teilzeit-Job als Sängerin in der Kirche ausübe. Ich hatte schon immer den Eindruck, dass die Musik eine Sprache ist, die abbilden kann, was Worte nicht immer ausdrücken können. Durch Lieder und Klangharmonien gewinnt die Karwoche für mich eine neue Dimension der Tiefe. Während der Woche wird aus dem euphorischen „Halleluja" des Palmsonntages ein „Kreuzige ihn". Am Karfreitag ist die Leere und Verzweiflung so groß, dass es nahezu unerträglich ist. Dies spiegelt sich am Abend des Karfreitags wider, an dem wir ein kleines Konzert veranstalten. Während sich die hohen Sopranstimmen in Allegris „Miserere" in ihrem Schrei nach Erneuerung der Seele aufschwingen, senkt sich für mich die Dunkelheit endgültig herab. Alles verschwindet. Nichts bleibt übrig. Nichts.

Es klingt vielleicht seltsam, aber das laugt mich aus. Wahrscheinlich spaziere ich deswegen am nächsten Morgen durch die leeren Straßen der Stadt, wo die frische Luft meine Lungen füllt und die Energie wieder zurückkehrt. In diesem Moment erscheint es mir, als wäre der Karsamstag ein Tag des Wartens – und des Atmens. Er ist eingepfercht zwischen den beiden Extremen, dem Schrecken des Karfreitags und der Freude des Ostersonntags. Der Karsamstag ist ein Tag der Trauer, aber gleichzeitig zieht sich ein unerklärliches Band der Erwartung durch den Tag, ein Hoffen auf das, was noch kommen wird.

Später am Abend, nach unserer Familienmahlzeit, kehre ich in die Kirche zurück, um dort zu singen. Die Osternacht beginnt in völliger Dunkelheit. Dann wird die Osterkerze im hinteren Bereich der Kirche entzündet und mit ihr die Kerzen in den Händen der Gemeinde. Die Pfarrer und der Kirchenchor schreiten nach vorne und das Exsultet, das Osterlob, ertönt und hallt von den Wänden durch die Kirche. „Dies ist die selige Nacht", ruft der Kantor, „in der Christus die Ketten des Todes zerbrach ..." Und das Warten hat ein Ende. Die Nacht der Nächte ist da und wir feiern das wichtigste Ereignis der Geschichte: die Auferstehung Jesu Christi nach seinem Tod am Kreuz. Natürlich könnte all das nicht stimmen, und alles, was wir in dieser Nacht tun, wäre ein wenig Scharade. Aber wenn es stimmt, ist es revolutionär – im wahrsten Sinne des Wortes. Es bedeutet, dass unser Leben nicht mit dem Tod endet. Es bedeutet, dass wir einer neuen Realität entgegenblicken.

Ich erinnere mich an ein kleines Büchlein des französischen Dichters Charles Péguy. In dem Buch schreibt er über das Konzept des Erinnerns: Eine Erinnerung ist nicht etwas, das vergangen ist und das wir hinter uns gelassen haben, sondern etwas, in das wir uns hineinbegeben und in dem wir verweilen sollen – um von ihr erneuert zu werden. Und so können wir die Wendepunkte entdecken, die das Antlitz der gesamten Welt verändern. Péguy schreibt: „Es war nichts und alles ist anders. Es war nichts und alles ist neu."

Vielleicht war der Karsamstag einst nur der Tag dazwischen. Jetzt aber ist er der Wendepunkt, der Tag, an dem sich alles ändert.

Ostern

Ostern ist das Happy End. Es hat die Welt verändert. Wegen der Auferstehung Jesu wurde der Sonntag zum Feiertag. Seither begeht die Welt den Sonntag, und immer noch haben die meisten Börsen an diesem Tag geschlossen.

Ostern hat auch mit der ersten verbindlichen Lehrentscheidung der Christenheit zu tun. Denn der Ostertermin wurde auf dem ersten Konzil der Christenheit 325 in Nicäa festgelegt, dem heutigen Iznik nahe Istanbul. Es sollte vor allem den Streit schlichten, ob Jesus wahrer Gott und wahrer Mensch sei. Seit dem Konzil begehen die westlichen Kirchen zudem das Fest der Auferstehung frühestens am 22. März und spätestens am 25. April. Die orthodoxen Kirchen berechnen ihren Ostertermin noch nach dem alten julianischen Kalender. Deshalb fallen beide Ostertermine selten zusammen.

Die Botschaft des Festes sagt: Jesus war tot und ist auferstanden. Er hat die Schuld besiegt, die Menschen trennt und einen Neuanfang verhindert. Er hat dem Tod die Macht genommen und sie dem Leben gegeben. Dem Leben mit Gott, das keine Grenze kennt, also ewig ist. Es fängt aber nicht erst nach dem Tod an. Sondern das ewige Leben verschiebt die Grenze ins jetzige Leben hinein. Die Maßstäbe des Lebens gelten schon jetzt, in der Welt, die noch vom Tod geprägt ist. Happy End eben.

Nun ist zwei Dritteln der Deutschen die Hoffnung auf Gott fraglich geworden, sagt die Demoskopie. Die Übrigen glauben alles Mögliche: dass sie schon einmal gelebt haben, dass die Seele unsterblich ist oder, tatsächlich, dass Jesus tot war und auferweckt wurde und damit vorweggenommen hat, was alle Menschen erleben werden. Aber mehr als die Hälfte der Befragten hofft doch, dass mit dem Tod nicht alles aus ist.

„Die A. der Toten ist das zentrale Bild der Hoffnung des christl. Glaubens“, sagt platzsparend das Lexikon *Die Religion in Geschichte und Gegenwart*. Aber kann ich an die A. der Toten glauben? An meine A.? Ist sie eine Wahrheit, an der ich mich festhalten kann? Wahrheiten, sagen Theologen, können nur bezeugt und bekannt werden. Deshalb besteht die Antwort in einem Bekenntnis. Dem Bekenntnis zu Ostern, zum Happy End.

Auch Filme waren immer das Bekenntnis ihrer Macher. Der Film kam auf, als das Bekenntnis der Kirche an Glanz verlor. Naturwissenschaften drehten die Flamme des Mythos herunter. Das Licht, das in der Finsternis leuchtete und die Hoffnung bewahrte, kam aus dem Vakuum und einem edisonschen Glühfaden und brach sich im vorbeilaufenden Streifen aus Zelluloid. Vor hundert Jahren entwickelte sich das Fachwort für das Ende, das Filme fast von selbst bekamen, befeuert durch Produktionsstrategen in Hollywood. Sie fanden heraus, dass Kinobesucher Spannung und Entspannung wollen, in dieser Reihenfolge. Der Begriff für die Entspannung am Schluss hieß „Happy Ending“. Und nach dem finalen Kuss erschien die Schrift „The End“. Irgendwann nach 1913 zogen die Filmemacher den Ausdruck und die Schrift am Schluss zusammen zum Happy End. Der Film braucht es bis heute. Schon der Beichtvater des Regisseurs Martin Scorsese, Pater Frank, kritisierte dessen fürchterliches Drama „Taxi Driver“ von 1976 über die Selbstzerstörung des Vietnamveteranen Travis Bickle: „Zu viel Karfreitag, zu wenig Ostern“, befand er.

Der Widerspruch zum Happy End hat aber sein Recht. Das Kiss-off am Schluss ist komponiert. Und verdächtig, von der Wirklichkeit abzulenken. „Dann machen wir's uns nett, dann gehn wir halt ins Kino, das fällt nicht ins Gewicht", dichtete Bertolt Brecht in Elisabeth Hauptmanns Musical „Happy End" über ein Leben zwischen Heilsarmee und Amerikas Fabrikschornsteinen. Ins Gewicht fallen die Industriemagnaten, die den Lohn vorenthalten. „Es wird nach einem Happy End im Film jewöhnlich abjeblendt", ätzte Kurt Tucholsky.

Nicht einmal die Bibel erzählt die Geschichte von der Auferstehung ungebrochen. Der Autor des Markusevangeliums, der frühesten der vier Erzählungen über Jesus, hörte mit Angst und Schrecken auf: Drei Frauen kamen frühmorgens zum Grab, um die Leiche des Gekreuzigten zu balsamieren. Sie fanden die Grabhöhle leer und einen jungen Mann darin, der ihnen sagte, Jesus sei auferstanden. Sie sollten den Jüngern berichten, dass er, Jesus, sie im Norden des Landes, in Galiläa, wiedertreffen werde. Aber die Frauen „gingen hinaus und flohen. Zittern und Entsetzen hatte sie ergriffen; und sie sagten niemandem etwas, denn sie fürchteten sich." Die beiden nächsten Autoren, die das Lukas- und Matthäusevangelium aufzeichneten, schrieben von Markus ab, aber sie ergänzten die Geschichte, wahrscheinlich aus anderen Erzählungen: Da freuten sich die Frauen am Ende, und schließlich erschien ihnen Jesus. Happy End. Deshalb wurde das alte Markusevangelium im zweiten Jahrhundert nachgebessert. In den heutigen Bibeln findet sich ein anderer Schluss: Jesus fährt gen Himmel, und seine Jünger predigen die Botschaft von seiner Auferstehung an allen Orten.

Muss ich das glauben? Nur das Grab, in dem Jesus lag, ist historisch gewiss, da sind sich Theologen einig. So gewiss wie sonst nichts aus seiner Lebenszeit. Die Auferstehung entzieht sich den Nachforschungen. Nur: Sie bleibt das Herz des Glaubens an Gott, wie ihn das Christentum überliefert. Das platzsparende Lexikon hat recht. „Hoffen wir nur in diesem Leben auf Christus, wir sind die elendesten aller Menschen", sagte schon Paulus. Vielleicht sehnen wir uns deshalb nach dem

Happy End. Die Auferstehung gibt dem Leben Glück und der Politik Ziele.

Aber niemand kann sich vornehmen, darauf zu vertrauen. Und der Glaube daran zeigt sich von wechselnder Stärke, er bleibt ein Geschenk. Wahrheiten folgen einer eigenen Regie: Der Glaube erfasst nicht die Wahrheit, sagt der Theologe Eberhard Jüngel. Sondern er ist selbst von der Wahrheit erfasst.

Jüngels Satz beschreibt eine Wahrheit, die er aus der Bibel schöpft. Mein von der Wahrheit erfasster Glaube sagt: Ich vertraue den Berichten ihrer Autoren, dass Jesus auferstanden ist. Und ihrer Interpretation, dass er lebt und mit ihm auch ich. Meine Sehnsucht nach dem Happy End ist schon okay. Auch Gläubige brauchen Spannung und Entspannung, in dieser Reihenfolge.

Von Spannung und Entspannung ist auch bei Anselm Grün die Rede. Er berichtet, wie er das Osterfest mit Jugendlichen im Kloster erlebt.

„Da muss man aus sich herausgehen“

ANSELM GRÜN, *geboren 1947 als Wilhelm Grün, ist seit 1964 Mitglied der Benediktinerabtei Münsterschwarzach am Main. Bekannt ist er vor allem als Autor von Büchern über das Glück. Bisher hat er mehr als 300 Titel veröffentlicht.*
Foto © Vier-Türme-Verlag

Seit meiner Kindheit hat mich die Feier der Karwoche immer fasziniert. Da war am Palmsonntag die Palmprozession, in der wir Jesus außerhalb der Kirche begleitet und ihn mit Lobgesängen gepriesen haben. Dann war die beeindruckende Feier des Gründonnerstags mit der Fußwaschung. Und am Karfreitag folgte die Kreuzverehrung, zu der wir als Ministranten unsere Schuhe auszogen, um dann vor dem Kreuz niederzufallen. Berührt haben mich dabei immer die alten griechischen und lateinischen Gesänge, die wir zur Kreuzverehrung gesungen haben. Und die Osternacht mit dem Osterfeuer mitten in der Nacht hat einen nachdrücklichen Eindruck auf mich gemacht. Als Kinder bis lange nach Mitternacht in der Kirche zu bleiben, war für uns immer etwas Besonderes.

Seit 54 Jahren feiere ich Ostern in der Abtei Münsterschwarzach. 25 Jahre lang habe ich vom Mittwoch in der Karwoche bis zum Ostersonntagmittag mit 250 bis 300 Jugendlichen diese Kartage gefeiert. Für mich war das die intensivste Zeit des Kirchenjahres. Ich war immer tief bewegt, wie die Jugendlichen sich auf diese Tage eingelassen haben. Es waren anstrengende Tage. Denn sie begannen um 5.30 Uhr mit dem Aufstehen. Und die Nacht des Gründonnerstags war immer auch geprägt von der Nachtwache vieler junger Menschen. Aber die Jugendlichen spürten, dass es da um das entscheidende Geheimnis unserer Erlösung ging.

Die Tage von Gründonnerstag bis Ostersonntag sind in einem Benediktinerkloster vor allem von der Liturgie geprägt. Die Liturgie beginnt mit den Trauermetten um 6 Uhr morgens. 90 Minuten lang singen wir die Psalmen, die die Passion Jesu meditieren. Und wir denken dabei an alle Menschen, die in unserer Zeit Leid tragen. Am Abend versammeln wir uns zur Eucharistiefeier mit der Fußwaschung von 12 Männern und Frauen. Im letzten Jahr lud unser Abt muslimische Flüchtlinge ein, ihnen die Füße zu waschen. Doch die nahmen es nur an, wenn sie nachher dem Abt die Füße waschen durften. So entstand eine eindrückliche Nähe. Nach dem Gottesdienst wird der Altar von allem Schmuck entblößt. Die ganze Nacht über ist dann in der Krypta Möglichkeit, mit Jesus zu wachen und für die vielen Menschen zu beten, die sich unserem Gebet empfehlen. Es ist schön, zu sehen, wie da zu jeder Stunde immer wieder Jugendliche und andere Gäste kommen, um sich den nachtwachenden Mönchen anzuschließen.

Der Karfreitag beginnt wieder mit den morgendlichen Trauermetten. Um 15 Uhr ist dann die Karfreitagsliturgie. Die Johannespassion wird vorgesungen. Dann werden große Fürbitten für die ganze Welt gebetet. Und dann folgt die Kreuzverehrung mit altehrwürdigen Gesängen: „Hagios, ho theos, hagios ischyros, hagios athanatos, eleison hemas – heiliger Gott, heiliger starker, heiliger unsterblicher Gott, erbarme dich unser." Das Kreuz wird als Zeichen des Heils und des Sieges der Liebe über den Hass gepriesen. Die Karfreitagsliturgie ist voller Symbolik. Daher ist sie ohne Predigt. Die Rituale allein predigen schon genug. Mit den Jugendlichen haben wir am Abend des Karfreitags immer ein Mysterienspiel veranstaltet. Die Jugendlichen meditierten die 14 Kreuzwegstationen. Ihre Aufgabe war es dann, diese Stationen jeweils durch eine Pantomime, eine Meditation, ein Spiel darzustellen. Für die Jugendlichen war es nie ein Problem, diese 14 Stationen in ihr modernes Leben hinein zu übersetzen. So haben sie neben der altehrwürdigen Liturgie das Geheimnis der Erlösung auf ihre jugendgemäße Art dargestellt.

Der Karsamstag atmet nach den Trauermetten erst einmal Stille. Es geht darum, Altes zu begraben und in der Stille auf das zu warten, was an Ostern in uns aufgehen möchte. In der abendlichen Vesper klingen dann schon Psalmtöne an, die einen österlichen Schein hineinleuchten lassen mitten in die Trauer und Stille. Um 22.45 Uhr beginnen wir dann im Freien die Osternacht. Der Abt entzündet die Osterkerze am Osterfeuer. Dann wird die brennende Osterkerze in die Abteikirche hineingetragen mit dem dreimaligen Ruf: „Lumen Christi." Alle antworten: „Deo gratias." Dann entzünden alle Gläubigen ihre mitgebrachten Osterkerzen an der großen Osterkerze. Der Diakon singt dann im Exsultet, einem altehrwürdigen Gesang, das Geheimnis von Ostern. Immer wieder wird das Geheimnis der seligen Nacht gepriesen: „Dies ist die selige Nacht, in der Christus die Ketten des Todes zerbrach und aus der Tiefe als Sieger emporstieg. ... O wahrhaft selige Nacht, die Himmel und Erde versöhnt, die Gott und Menschen verbindet." Wir alle halten dabei die Osterkerze in den Händen. Wir meditieren gleichsam, dass das Licht, das im Exsultet besungen wird, alles Dunkle aus unseren Herzen vertreiben möge und dass die ganze Welt durch unsere Osterfeier heller wird.

Danach werden vier lange Lesungen vorgelesen: der Schöpfungsbericht (1. Mose 1), das Opfer des Isaak (1. Mose 22,1–18); die Geschichte vom Auszug aus Ägypten (2. Mose 14,15–15,1 und Jesaja 54,5–14). Das Geheimnis der Erlösung wird in den alttestamentlichen Bildern vorgetragen. Dann stimmt der Abt nach 40 Tagen Abstinenz dreimal das österliche Halleluja an, jeweils einen Ton höher. Und alle singen voller Freude dieses österliche Jubellied.

Nach der Verkündigung des Evangeliums und einer kurzen Predigt durch den Abt folgt die Weihe des Taufwassers. Manchmal kommt an dieser Stelle auch eine Erwachsenentaufe. Dann schließt die Eucharistiefeier an mit der Gabenbereitung. Doch mit der Kommunion ist die Eucharistiefeier nicht zu Ende. Da wird noch die österliche Laudes gesungen, zwar nur ein Psalm und das Benedictus. Aber es ist das Bedürfnis der Liturgie, den österlichen Jubel nicht einfach abzubrechen. Sie dauert drei volle Stunden lang. Und die vielen Kirchenbesucher gehen noch nicht nach Hause. Die Jugendlichen feiern noch einige Stunden weiter. Sie tanzen um das Osterfeuer und singen Osterlieder.

Am Ostersonntag wird die Liturgie fortgesetzt. Da ist ein feierliches Choralamt. Die österlichen Gesänge besingen das Geheimnis der Auferstehung. Unser Kantor, P. Godehard Joppich, ist in diesen Gesängen immer bis an die Grenze gegangen. Wenn ein anderer Kantor sich beschwert hat, die Töne lägen zu hoch, sagte er nur: „Ach, es ist doch Ostern. Ostern kann man doch nicht bequem besingen. Da muss man doch aus sich herausgehen.“ Für uns Mönche kann Ostern nicht nur in der Feier der Osternacht bestehen. Die alten Choralgesänge, die am Ostersonntag treffen, gehören einfach zu diesem Fest. Ohne das „Pascha nostrum immolatus est Christus“ (Denn unser Passalamm ist geopfert, das ist Christus, 1. Korinther 1,7) kann ich mir die Feier von Ostern nicht vorstellen. Der Choral besingt diesen Vers in einem jubilierenden Ton, dessen Kraft man sich nicht entziehen kann. Aber bei diesem Singen muss man sich einfach verausgaben. Sonst glaubt man nicht, was man singt.

Am Ende des Ostergottesdienstes segnet der Abt die Speisen, die die Jugendlichen und manchmal auch die Kinder von Ostergästen zum Altar bringen: Eier, Schinken, Brot und Osterlamm. Die Osterfeier will auch in der mittäglichen Mahlzeit fortgesetzt werden. Nach dem Ostergottesdienst laden die Jugendlichen noch zum Ostersingen ein. Das Geheimnis, dass Christus vom Tode erstanden ist, dass er uns von allen Fesseln befreit hat, will sich auch im Singen und Tanzen ausdrücken.

Die Jugendlichen, die mit uns die Kar- und Ostertage feiern, spüren, dass es an Ostern um das Zentrum unseres Glaubens geht. Wenn sie dann Ostern auch in ihrer eigenen Pfarrgemeinde feiern, erleben sie oft Enttäuschung. Da geht man zwar in die Liturgie. Aber die ist nur ein kleiner Bereich des Lebens. Sonst dreht sich alles um den Alltag. In den Kar- und Ostertagen in der Abtei war alles auf das Geheimnis der Erlösung ausgerichtet. Da ist den jungen Menschen aufgegangen, dass es darum geht, aufzustehen aus dem Grab der Resignation, aufzustehen aus der Zuschauerrolle und das Leben zu wagen. Denn Christus ist auferstanden, damit wir mit ihm auferstehen und alle Fesseln von uns abwerfen, um „in der Neuheit des Lebens“ zu leben (Römer 6,4).

Himmelfahrt

Wenige Feste sorgen für so große Verlegenheit unter Christen. Die Himmelfahrt Christi scheint eine übrig gebliebene Feier der Scheibenwelt zu sein. Zwar ist mittlerweile fraglich, ob Menschen je geglaubt haben, dass die Erde eine Scheibe ist. Zu Unrecht wird Galileo Galilei unterstellt, erst er habe mit dieser Vorstellung aufgeräumt. Damals war es längst ins allgemeine Bewusstsein gedrungen, dass die Erde kugelig gerundet sein muss. Mitunter wird als Gegenbeweis ein Holzschnitt angeführt, angeblich aus dem Mittelalter. Auf ihm stößt ein Wanderer am Rand der Erde mit dem Kopf durch das auf den Boden kommende Himmelsgewölbe. Nur: Der Holzschnitt stammt gar nicht aus dem Mittelalter. Sondern er wurde im 19. Jahrhundert von dem Astronomiepublizisten Camille Flammarion in Auftrag gegeben. Er ist eine Rückprojektion.

Die Himmelfahrt Jesu steht quer zur naturwissenschaftlich geprägten Weltvorstellung. Oben ist die Stratosphäre, der Weltraum mit seinen Sonnensystemen und schwarzen Löchern. Wohin soll Jesus gefahren sein? Hat er wirklich keinen Leichnam hinterlassen? Die Sache ist rätselhaft. Auferstehung, Jungfrauengeburt und überhaupt die Ankunft eines Gottes als Mensch auf der Erde sind es eigentlich auch, aber deren Feste liegen emotional und kalendarisch günstiger. Zu Weihnachten, dem christlichen Erfolgsfest weltweit, geht es um ein Kind, das kompensiert alles. Und Ostern weckt Frühlingsgefühle. Für Sinnersatz ist also reichlich gesorgt, wenn man der eigentlichen Bedeutung des Festes nichts abgewinnen kann. Dagegen sieht Himmelfahrt alt aus. Zu Himmelfahrt verleiht die Stadt Aachen den Karlspreis an Menschen, die sich um Europa verdient gemacht haben.

Ein weiterer Sinnersatz für alle Personen männlichen Geschlechts besteht darin, alkoholisiert durch Feld und Flur zu ziehen. Vatertag heißt das. Nicht-Väter sind immer mitgemeint.

Dabei gehört die Himmelfahrt zum Betriebssystem des Christentums. Sie steht zum Beispiel im Apostolischen Glaubensbekenntnis, sozusagen als Gleichgewicht: niedergefahren zur Hölle (so hieß es früher), aufgefahren in den Himmel. Ihre Feier wird erstmals 384 durch den Bericht einer Nonne namens Egeria bezeugt.

Der Sinn des Festes erschließt sich erst dem, der in die Berichte des Neuen Testaments schaut. Vor allem in die betreffenden Stellen des Lukasevangeliums. Da nimmt Jesus seine Jünger mit vor die Tore Jerusalems, und zum ersten Mal segnet er sie. Während er sie segnet, entschwindet er ihren Blicken, und ebenfalls zum ersten Mal fallen sie vor ihm nieder, beten ihn an. Und kehren „mit großer Freude", wie es heißt, nach Jerusalem zurück und warten, wie ihnen Jesus empfohlen hat, auf die Ausgießung des Heiligen Geistes, die an Pfingsten gefeiert wird.

Bei der Himmelfahrt erkennen die Jünger offensichtlich zum ersten Mal, dass Jesus, der Mensch, zugleich Gott ist. Seither sitzt, so glauben Christen, mit Christus Gottes Sohn als Gott und Mensch an der Seite Gottes. Er ist der Erste, der durch den Tod zum Leben bei Gott gegangen ist. Und er hat versprochen, dass ihm die anderen, die sich ihm zuwenden, auf diesem Weg folgen. Sie glauben es, weil er sie gesegnet und sich dadurch mit ihnen verbunden hat. Himmelfahrt zeigt auch, was Segen bedeutet, sagte der dänische Philosoph Sören Kierkegaard: Er bedeutet die Einwilligung Gottes zu unserem Tun, das sich an seinem Willen orientiert hat.

Aber wie soll man das feiern, außer mit einem Gottesdienst und einem Sonntagsspaziergang an der meist warmen frischen Frühlingsluft? Zehra und Michael Blume steuern ein Beispiel aus einer noch ungewöhnlichen Situation bei: Sie ist Muslimin, er Christ. Und die Himmelfahrt Jesu wird in der Bibel und im Koran bezeugt. Wie geht man damit um, gemeinsam und zusammen mit den Kindern?

Christus im Himmel, wir auf Erden

MICHAEL BLUME, *geboren 1976 in Filderstadt, ist Religionswissenschaftler, Blogger, Buchautor und Referatsleiter im Staatsministerium Baden-Württemberg. Der Vater von drei Kindern hat über Religion und Hirnforschung promoviert und liebt es, Brücken über Tabus hinweg zu bauen.* ZEHRA BLUME *wurde als Kind türkischer Gastarbeiter geboren und erreichte als erste Frau ihrer weiteren Familie das Abitur auf einer katholischen Mädchenschule. Die gelernte Bankfachwirtin und Mutter von drei Kindern verbindet gerne das Beste unterschiedlicher Kulturen.*

„Ein Christ mit einer Muslimin verheiratet – geht das denn?" Diese Frage wird uns oft gestellt. Sie hat auch ihre Berechtigung. Denn tatsächlich ist diese Form der Ehe zwar nicht im Koran, wohl aber in manchen islamisch geprägten Staaten wie Saudi-Arabien und Iran noch immer verboten. In Europa ist sie jedoch erlaubt. Wir sind nun seit 20 Jahren glücklich verheiratet und Eltern von drei Kindern. Mit uns im Haus – in einer eigenen Wohnung – wohnen auch Zehras Eltern, die ihre Wurzeln nahe einem Salzsee bei Ankara haben. Wir genießen das Miteinander der Generationen, Kulturen und auch Religionen – und gefühlt doppelt so viele Feiertage. An den christlichen Hochfesten – und zu Rock- und Gospel-Gottesdiensten – gehen Zehra und ich mit den Kindern, besuchen auch meine Familie(n); die islamischen Feiertage feiern wir mit den Schwiegereltern mit erweiterten Tafelrunden.

Ja, Gott ist groß – zumindest größer, als es sich manche vorstellen können. Zu den vielen Gemeinsamkeiten, die sich zwischen unseren Glaubenstraditionen finden, gehört nicht nur der Gott Abrahams, Saras und Hagars – sondern auch der Messias Jesus. Und wenn der Koran auch anzudeuten scheint, dass die Kreuzigung Jesu nicht wirklich getroffen hätte, so steht doch Christi Himmelfahrt außer Frage. Sogar noch die Terrorgruppe des selbsternannten „Islamischen Staates“ (IS) rechnete mit der messianischen Wiederkunft Jesu – was unterstreicht, dass ein Lippenbekenntnis zu ihm noch nicht zur Barmherzigkeit reicht.

Christi Himmelfahrt ist für uns also ein kleiner Festtag der Gemeinsamkeiten und eine gute Gelegenheit, bei Tisch zu beten, mit den Kindern über Gemeinsamkeiten und Unterschiede zu sprechen und daran zu erinnern, dass Weihnachten – die Niederkunft Jesu – nicht nur für Tannenbäume und Gabentische steht. Wenn Zeit ist, darf es auch gerne ein gemeinsamer Spaziergang sein – denn in digitalen Zeiten ist ja gar nicht mehr völlig selbstverständlich, dass es neben dem religiösen und virtuellen auch noch einen natürlichen Himmel gibt.

Ehen, so heißt es, werden im Himmel geschlossen und auf Erden gelebt. Der Islam ist dabei mit Luther einig, dass das Ganze unbeschadet in die Form eines weltlichen Vertrages gegossen werden kann. Und während wir sofort bereit wären, verschiedenste theologische Baustellen der islamischen Gelehrsamkeit zu benennen, wird uns doch gerade auch an Christi Himmelfahrt klar: In Sachen Sexualethik hat die islamische Tradition weniger Komplexe angesammelt. Nach Erbsündelehren, Zölibat, Beschränkungen der Sexualität auf die Fortpflanzung bis hin zur „Missionarsstellung“, Schreckensgeschichten im Namen des Onan und einem Gegeneinander von Leib und Seele stand allenfalls extremen Randgruppen im Islam der Sinn. Nicht wenige Strömungen versuchen zwar im Namen des

Islams mit eskalierender Obsession jede Sexualität außerhalb der Ehe zu unterdrücken; doch innerhalb der Ehe wird die auch körperliche Liebe sogar als Segen empfohlen. So empfiehlt der Koran den Eheleuten, „einander ein Gewand" zu sein, und in deftiger Sprache den Männern, auf ihrem „Feld zu säen". Sanftere Überlieferungen wissen vom Segen, der beim Händchenhalten strömt, und vom Lohn für Ehepartner, die dem/der anderen körperliche Freuden bereiten. Kein Wunder, dass auch die Himmelsvorstellungen des Islams mindestens den heterosexuellen Männern ein deutlich erotischeres Angebot machen – auch wenn einige westliche Akademiker_Innen in typisch dekonstruierender Weise hinter den wunderhübschen Huris nur falsch übersetzte Weintrauben erblicken wollen.

In welche Art von Himmel Christus wohl aufgefahren ist? Dürfen sich Christen überhaupt vorstellen, dass sich Jesus im Himmel mit „Huris" vergnügen dürfte wie zum Beispiel auch der hinduistische Krischna mit seinen Gespielinnen? Hat Gottes Sohn nach christlicher Doktrin nicht vor allem in wallenden Gewändern zu sitzen, mit der Menschheit zu leiden und liebevoll-ernst zu schauen? Immerhin hat er in seiner Verteidigung des Jenseits gegen die Sadduzäer schon mal angedeutet, dass monogame Ehen im Himmel keinen verpflichtenden Bestand mehr haben würden. Ob er Maria aus Magdala jemals wiedersehen durfte? Wir hoffen auf ein Wiedersehen – vielleicht ist der Himmel ja auch groß genug für Liebende verschiedener Konfessionen. Und auch die islamischen Traditionen verfallen schnell ins Nuscheln, wenn nach Details zum Jenseits gefragt wird. Werden auch den frommen Frauen „Huris" zur Verfügung stehen – und wenn ja, mit welchen Geschlechtern und Aufgaben? Einige Gelehrte erwähnen männliche Dienerschaften, aber das Ganze scheint den meisten peinlich zu sein. Dabei wäre es doch interessant zu wissen: Dürfen die frommen Frauen dann vor „ihren" paradiesischen „Huris" Niqab, Kopftücher oder gar mehr – alles? – ablegen? Und Entsprechendes fordern? Oder zumindest für die Damen doch nur Weintrauben, auf ewig? Gerade doch, „wenn" der Islam die auch körperliche Erfüllung der Ehefrau fordert und preist – kann er ihnen da jenseitige Körperlichkeit absprechen? Immerhin: Von im Paradies weiter verbindlichen Ehen ist auch im Koran nicht die Rede.

Nein, auch Christi Himmelfahrt erleben wir nicht als Tag des Spottes; wohl aber als Tag, der uns die Unterschiede zwischen Wissen und Glauben unterstreicht. Wir merken an diesem Tag besonders, wie sehr jene überziehen, die behaupten, Gottes Ratschlüsse, Urteile und Pläne bis in jenseitige Details zu kennen. Wir freuen uns an den bunten Bildern, die unsere Traditionen zum offenen Himmel entworfen haben – und erkennen dabei, dass es eben auch nur Bilder sind. Hoffnungs- und sinnenfroh, motivierend und widersprüchlich. War deswegen bei Jesu Himmelfahrt eine Wolke im Spiel, die ihn vor den Augen der Jünger verbarg, während er in eine andere Welt emporgehoben wurde? Manchmal naschen wir Trauben. Und manchmal öffnet sich für uns – wie für Liebespaare weltweit – für Sekunden der Himmel. An die Lehren der engstirnigen Ganz-genau-Wisser aller Religionen denken wir in diesen Momenten eher nicht. Denn wo Jesus jetzt ist, dort wird es gut sein. Diese vertrauende Hoffnung verbindet uns; und sie ist uns genug.

Pfingsten – immer gut für einen Ausflug

Pfingsten sind die Geschenke am geringsten, während Ostern, Geburtstag und Weihnachten was einbrachten", schrieb der Schriftsteller Bertolt Brecht in seinem *Kinderbuch*. Er hat recht. Pfingsten ist der Geburtstag der Kirche. Am ersten Pfingstfest der Geschichte predigte Petrus, und die Menschen verstanden ihn, obwohl sie verschiedene Sprachen sprachen. Das berichtet die Apostelgeschichte. Am Ende des Tages hatte die Gruppe der Jünger dreitausend neue Anhänger – der Anfang einer Ausbreitung des Christentums über die ganze Welt. An meinem letzten Pfingstfest hat meine Kirchengemeinde ihre renovierte Kirche wieder bezogen, mit einem feierlichen Gottesdienst und einem Fest rings um die Kirche, mit Jazz, Grill, Rudelsingen für Kinder und einer Versteigerung. Ich habe eine begleitete Radtour zum Kölner Dom zur Versteigerung angeboten. Die stieß auf reges Interesse. Jetzt, während das Buch entsteht, soll ich eine Fortsetzung planen. Gerne hätten wir am Abend dreitausend Mitglieder mehr gehabt. Aber wir hatten ein schönes Fest, das vielen in Erinnerung bleiben wird und den Beteiligten Mut gemacht hat.

Pfingsten ist nach Weihnachten und Ostern das letzte der drei großen Feste mit zwei Feiertagen. Doch der zweite Weihnachtstag ist dem Gedenken an Stephanus gewidmet, der nach der Bibel der erste Märtyrer war, und Ostermontag zwei Jüngern, über die Lukas berichtet. Ihnen begegnete der auferstandene Jesus auf dem Weg nach Emmaus, ohne dass sie das mitbekamen. Der Pfingstmontag hat keine Bestimmung.

Deswegen sind die Kirchen auf den Gedanken gekommen, ihn zum Feiertag der Ökumene zu machen. Keine katholische Sonntagspflicht steht da im Weg und kein evangelischer Festgottesdienst. Aber die Gottesdienste an zweiten Feiertagen sind im Schnitt eher mäßig besucht. Das macht Ökumene zu einer Sache für Engagierte.

Im Mittelalter feierten die Christen an den hohen Festen acht Tage lang. Die Pfingstoktav, also die acht Feiertage, kam im 11. Jahrhundert auf. Dann wurden die ersten Heiligen mit einer Festwoche geehrt. Das sonst so nüchterne vielbändige *Lexikon für Theologie und Kirche* spricht von einer „unerträglichen Überlagerung der vermehrten Oktaven seit dem 13. Jahrhundert". Sprich: Die Leute kamen aus dem Feiern gar nicht mehr heraus. Auf diesem Hintergrund klingt es noch einmal anders, dass Martin Luther nicht nur das Mönchtum, sondern auch die Erwerbsarbeit und die Tätigkeit zu Hause als Berufung anerkannte und damit uns allen zu einem „Beruf" verhalf, weil er dieses Wort geprägt hat. Aber die zwei Feiertage blieben. Bis heute stehen sie in den Feiertagsgesetzen aller 16 Bundesländer. Denn Feiertage sind Ländersache. Selbst in der DDR war der Pfingstmontag gesetzlicher Feiertag.

Pfingsten, der Geburtstag der Kirche, ist ein Kommunikationswunder. Das hat Heinrich Bedford-Strohm betont, der Ratsvorsitzende der evangelischen Kirche, als er Pfingsten 2017 in der Münchner Matthäuskirche predigte. Es sei ein „Kommunikationswunder" gewesen, dass damals, beim ersten Pfingstfest in Jerusalem, Menschen aus verschiedenen Ländern mit unterschiedlichen Sprachen plötzlich die vom Heiligen Geist inspirierte Predigt der Jünger Jesu verstanden hätten. Sie hörten vom dem Gott, der sich den Menschen vom Anfang der Welt bis heute in Liebe zugewandt habe. Sie hörten, „wie Gott Mensch geworden ist und sich in die Perspektive der Hungernden, der Durstigen, der Kranken, der Nackten, der Gefangenen und der Fremden begeben" habe und „damit die Gotteserfahrung untrennbar mit dem Einsatz für die Schwachen verbunden" habe, sagte Bedford-Strohm. Das sagte auch Dietrich Bonhoeffer, das sagt Papst Franziskus: Kirche ist „Kirche für andere", sie ist stark für andere und sie setzt sich für andere ein. Zum Geburtstag der Kirche soll es den Menschen und der Welt gut gehen.

Ein derartiges Kommunikationswunder brauchten wir heute, sagte Heinrich Bedford-Strohm. Denn etwa in den sozialen Medien finde häufig keine echte Kommunikation mehr statt, sondern „nur noch ein Abladen der eigenen Befindlichkeiten, das Herauslassen der eigenen Frustrationen". Es herrsche ein gesellschaftliches Klima, in dem das „Zuhören, das Verstehen-Wollen, die Bereitschaft, etwas zu lernen", immer mehr in den Hintergrund trete, beklagte der Ratsvorsitzende.

Sollten wir Pfingsten zum Anlass nehmen, das ganze Jahr hinzuhören, was Menschen sagen, hin- und zuzuhören? Für mich liegt darin ein Merkmal der Kirche: Dass sie hört, was Menschen sagen, was sie gestalten und zuwege bringen, was sie empfinden, ertragen und erleiden. Und dass sie für die Mühseligen und Beladenen da ist und sie zusammenbringt mit den Fröhlichen und Starken, damit sie einander Gutes wünschen und Gutes tun können. Dass sie eine starke Diakonie behält, die sich für Menschen einsetzt, die sich selbst nicht helfen können, und sich zu ihrer Freundin und Fürsprecherin macht. Dann könnten die Gemeinden den Geburtstag der Kirche damit feiern, dass sie sich in Erinnerung rufen, was Kirche ist, was sie tut und wer dazugehört, damit sie wirklich Kirche ist: die Armen, die Schwachen, die Betrübten.

Und der Heilige Geist, der zu Pfingsten über die ersten Christen ausgegossen wurde? Er ist unverfügbar, heißt es in den Kirchen gern. Niemand kann ihn nach Plan anwenden. Er weht, wo er will. Oft wirkt er im Stillen, da, wo es intim ist. Wo niemand Zutritt hat. Niemand hält ihn auf. Er ist nicht zu fassen.

Wie bei Maria zu Hause: Da weht er, Wind und Atem zugleich, und schon ist ein Teenager schwanger. Und das Glaubensbekenntnis um den Satz reicher: „Empfangen durch den Heiligen Geist“, sagt es über Jesus. Später im Glaubensbekenntnis hat der Heilige Geist nur einen Satz. Ich glaube an den Heiligen Geist. Ohne Begründung.

Unter den drei Personen der Gottheit ist der Heilige Geist die mobile und dynamische. Mal erscheint er hier, mal da. Deshalb zeigt man ihn meist als Vogel. „Und als Jesus getauft war, stieg er alsbald herauf aus dem Wasser. Und siehe, da tat sich ihm der Himmel auf, und er sah den Geist Gottes wie eine Taube herabfahren und über sich kommen. Und siehe, eine Stimme aus dem Himmel sprach: Dies ist mein lieber Sohn, an dem ich Wohlgefallen habe“, heißt es bei Matthäus über einen der kleineren öffentlichen Auftritte des Geistes. Der größte kommt zu Pfingsten.

Doch der Geist ist von Anfang an dabei. Schon als es anfängt mit dem Projekt Welt, schwebt er über dem Wasser. Weil er im Hebräischen weiblich ist, übersetzt die „Bibel in gerechter Sprache“ ihn öfter mit „die Geistkraft“. Später dann zieht er um. Paulus weiß, wo er wohnt: in den Menschen. Dort hat er viel zu tun. Er sorgt für Liebe, Freude, Friede, Geduld, Freundlichkeit, Güte, Treue, sagt Paulus im Brief an die Galater. Außerdem kümmert er sich um die Kunst der Prophetie, um Erkenntnis und Wunderkraft. „Du bist mit Gaben siebenfalt/ der Finger an Gotts rechter Hand“, übersetzt Luther die Hymne an den Heiligen Geist.

Was treibt ihn an? Die Antwort kennt nur er selbst. Schon an der Frage seiner Herkunft scheiden sich die, nun ja, Geister. Es heißt, er sei göttlicher Hauch, so komme er in die Welt, ist Geist und heilig.

Zu Pfingsten feiert man auch ihn. Da ist er ein „Brausen vom Himmel wie von einem gewaltigen Wind“. So macht er aus einer Gruppe Fischer und Wanderprediger eine vielsprachige Avantgarde. Die nennt sich später Kirche. Ist da der Heilige Geist schon weitergezogen? Ihn hält keiner auf. Wen er treffen mag, den trifft er, wen nicht, den meidet er. Er weht halt, wo er will. Wenn der Heilige Geist im Menschen wirkt, „begegnen wir damit dem lebendigen Gott selbst, der uns näher kommt, als wir denken“, heißt es im lutherischen Erwachsenenkatechismus. Der Heilige Geist ist Gott. Das rührt an die christliche Vorstellung von den drei Göttern in einem: Gott ist so groß, dass er sich nicht in einer Person beschreiben lässt. Im Islam gilt dieses Gottesbild als Vielgötterei, als die große Sünde. Aber auch Muslime beschreiben ihr Gottesbild so, dass es in dieser Welt nicht aufgeht. Sie geben Gott neunundneunzig schöne Namen – als Symbol dafür, dass sie unzählig sind, dass wir nicht zu Ende kommen mit der Benennung Gottes.

Die am schnellsten wachsende Gruppe der Christenheit beschäftigt sich besonders mit dem Heiligen Geist. Sie rechnet damit, dass er aus dem Off den natürlichen Lauf der Welt umlenkt. Diese Gruppe hat sich nach Pfingsten benannt. Die Anhängerschaft der Pfingstler wird weltweit auf etwa eine halbe Milliarde geschätzt. Das könnte die katholische Kirche beunruhigen. Sie ist noch doppelt so groß. Aber das kann sich ändern.

Pfingstkirchlichen Gemeinden unterstellt man leicht eine oberflächliche Theologie, ein Wohlstandsevangelium nach dem Konzept „Geht es dir gut oder bist du gesund, hat dich Gott gesegnet“ und einen auf die fromme Seele verengten Glauben. Das ist ebenso richtig, wie es falsch ist. Pfingstkirchen haben meist keine Liturgie, sondern ein Programm, keinen Liturgen, sondern einen Moderator, und sie singen Softpop mit Band vom Beamer statt Liedern aus dem Gesangbuch zur Orgel. Die Hillsong Church, eine der schnellwachsenden Kirchen mit Ablegern auch in Deutschland, inszeniert ihre Gottesdienste als Rockkonzerte. Andere haben kürzere oder längere „Lobpreiszeiten“ im Gottesdienst, in denen ihre Mitglieder und Besucher sich in die Gegenwart Gottes versenken. Das ist eine Form der Mystik im 21. Jahrhundert. Was gesprochen wird, gilt nur als echt, wenn es spontan dem Gehege der Zähne entflieht, und nicht, wenn es sorgfältig vorbereitet und gestaltet ist wie die Psalmen im Alten Testament.

Pfingstkirchen müssen sich ständig neu erfinden. Sie müssen offen sein für Neues und Ungewohntes. Das ist ihre Schwäche und ihre Stärke. Und sie müssen sich an ihren Besuchern orientieren. Auch wenn sie das Pfingstwunder des Verstehens nicht reproduzieren können, sind die großen unter ihnen vorbereitet auf Besucher anderer Sprache. Mit Simultanübersetzungen in mehrere Sprachen.

In einem Magazin der Evangelischen Kirche in Deutschland versucht der Theologe Christian Grethlein aus Münster sich vorzustellen, was geschähe, wenn sich die großen Kirchen von ein bisschen Ungeplantheit und Spontaneität inspirieren ließen: „Man stelle sich einmal einen sonntäglichen Gottesdienst vor, in dem die Orgel nicht ein Lied aus dem 17. Jahrhundert intoniert und der schwarz gekleidete Ordinierte bedeutungsschwer auf die Kanzel steigt, sondern in dem es braust und ein gewaltiger Wind aufkommt – von keiner Synode angeordnet, einfach so – und in dem nicht nur nichtordinierte, vielmehr sogar nichtbeauftragte Menschen auf einmal anfangen zu sprechen – und zwar in verschiedenen Sprachen.“ Manchmal geschieht das, zum Beispiel wenn Kinder teilnehmen oder Wohnungslose. Wer den Gedanken an die Störung der Ordnung überwinden kann, entdeckt eine neue Lebendigkeit. Pfingsten, sagt Grethlein, „ist sozusagen die Gegengeschichte zur staatsanalogen Institution Kirche, die verlässlich funktioniert, exklusiv in der Hand weniger Milieus ist und deren Praxis ritualisiert und vorhersehbar ist". Manche Gemeinden machen diese Erfahrung, wenn sie den Gottesdienst draußen feiern, vor der Kirche, auf dem Marktplatz oder im Grünen – der Kirche gewordene Pfingstausflug. Mancher Pfarrer hat Angst davor, dass ihm einer ins wohlgesetzte Wort fallen könnte. Aber wahrscheinlich hat Petrus seine erste Pfingstpredigt auch nur mit Zwischenrufen zu Ende gebracht. Die Bibel deutet an, dass die einen beeindruckt waren und die anderen zum Spott aufgelegt: „Sie sind voll süßen Weins!"

Vielleicht müssen sich Kirchen auch stärker auf die mobile Gesellschaft einstellen, auf Pfingstferien und -ausflüge. Und an den Urlaubsorten präsent sein, mit Gottesdiensten und Feiern, mit Bach, Beat und Brunch und Festen, an denen jede und jeder teilnehmen kann. Denn zu Pfingsten ist das Wetter meist so verlockend, dass man lieber draußen als drinnen ist. Und ein bisschen an die Pfingstkirchen denken und Raum und Zeit lassen für Ungeplantes. Dann macht es nichts, dass an Pfingsten die Geschenke am geringsten sind.

Michaelis

Der folgende Beitrag über ein Engelfest ist ein Experiment. Er soll Anregungen geben, wie man eine verschüttete Tradition wieder mit Leben füllen kann. Ob das Experiment gelingt, ist offen. Aber es gibt Gründe, es zu versuchen. Denn Engel sind in unser Leben zurückgekehrt. Auch in meinem Haus finden sich zwei Engel, ein selbst hergestelltes Geschenk meines Schwagers: Ein aufrecht stehendes Buchenscheit, auf einem Nagel steckt eine weiße Styroporkugel als Kopf, und auf dem Rücken ist ein Doppelflügel aus weißem Transparentpapier angeklebt. Er sieht schön aus, wenn sich das Mittagslicht in den Flügeln bricht. Vor der Glaswand zum Wohnzimmer hängt ein Engel aus zusammengeschmolzenen blauen und weißen Glasplatten. Ich habe ihn 2002 aus Amberg mitgebracht. Dort habe ich zum ersten Mal Heinrich Bedford-Strohm getroffen, der das Geleitwort zu diesem Buch schrieb. Damals war er Pfarrer in Coburg und einer der Autoren meiner Zeitung.

Wer Michaelis feiert, traditionell am 29. September, sollte sich mit Engeln beschäftigen. Und wer sich mit Engeln beschäftigt, sollte das frühere Zisterzienser- und jetzige Trappistenkloster Engelszell im Ort Engelhartszell besuchen, 30 Kilometer von Passau aus die Donau hinab, eine wunderschöne Radtour. In der Rokoko-Klosterkirche findet sich eins der größten Deckenfresken, die nach dem Barock gemalt wurden. Es entstand 1957. Das alte Deckenfresko wurde 1839 durch einen Gewölbeschaden zerstört. Nach dem Zweiten Weltkrieg beauftragten die Mönche den österreichischen Maler und Lyriker Fritz Fröhlich, die 400

Quadratmeter des durchgehenden, nicht von Säulen unterbrochenen Gewölbes neu zu gestalten. Er hatte wenig Vorgaben: Das 20. Jahrhundert musste sichtbar sein. Auch sollte die neue Malerei die Farben der Rokokokirche aufgreifen.

Was malt ein Maler im Kloster Engelszell? Fritz Fröhlich, der sich von Pablo Picasso inspirieren ließ, erinnerte sich an einen anonymen Autor aus dem sechsten Jahrhundert, der sich selbst den Namen Dionysius Areopagita gegeben hatte. Dieser Pseudo-Dionysius hat die bekannteste Engelkunde des Mittelalters verfasst. Nach ihm sind die Engel in neun Chöre unterteilt. Fröhlich malte die neun Engelchöre, geometrisch zerlegt, aber schon figürlich, in ihrer Mitte Maria, die Königin der Engel, in gleißendem Sonnenlicht. Fröhlich hat seine Engel nicht einzeln benannt. Mit etwas Fantasie kann man im unteren Teil eine stämmige weiße Gestalt mit erhobenem Arm als Erzengel Michael bezeichnen. Wohin er in den neun Chören gehört, darüber haben sich die Theologen des Mittelalters gestritten.

Engeldarstellungen sind nie aus der Kunst verschwunden und beleben Bilder, Musikstücke und Filme. Wim Wenders lässt in seinem Fantasy-Drama „Der Himmel über Berlin“ die Engel Cassiel und Damiel die Welt beobachten. Auf dem Album „Das zweite Gebot“ hat die Gothic-Gruppe „Unheilig“ das Lied „Schutzengel“ eingespielt: „Ich bin bei dir dein Leben lang, halt über dich meine schützende Hand. Ich existiere allein für dich. Nur wenn du fällst, spürst du mich.“ Ihr Gründer und früherer Frontmann, der sich „der Graf“ nennt, sagt, dass er täglich betet. Aber er will sich keiner Religion unterwerfen. Deshalb kam er auf den Bandnamen „Unheilig“.

Aber die Kirchen geben Engeln kaum noch Heimat. Die Theologie kann mit ihnen nicht mehr viel anfangen. Dabei kommen sie in der Bibel vor. Michael war schon dem alten Judentum vertraut. Der Einsatz der Engel kommt, wenn Entscheidungen fallen. Ein Engel kündigt Maria die Geburt ihres

Sohnes an. In der Weihnachtsgeschichte treten sie gleich in Bataillonsstärke auf. An Ostern und Himmelfahrt erklären sie die Szene. Und in der Offenbarung bezwingt Michael den Satan in einem apokalyptischen Kampf und zwingt ihn nieder auf die Erde. Damit wurde er zum Patron der Soldaten, zum Schutzherrn Deutschlands und der Stadt Andernach am Rhein.

Aber es gibt in der Bibel keine Lehre von Engeln. Alles ist konzentriert auf Gott und Menschen. Seit Thomas von Aquin die Engel zu Wesen ohne Körper erklärte, ist kein Halten mehr. Reformation und Aufklärung raubten ihnen, vielleicht ohne es zu wollen, den Platz im Haus des Glaubens.

Außerhalb des in Behörden organisierten Christentums boomt der Umgang mit ihnen: Bronzeengel fürs Sims oder den Schreibtisch sind Bestseller, esoterische Bücher über Engel ebenfalls. Die Gesellschaft hat sich auf Abstand zu ihrer vertrauten Religion begeben. Aber Engel, besonders Schutzengel, sind gefragt wie nie. Die Anthroposophie, eine esoterische Weltanschauung, aus der auch Waldorfkindergärten und -schulen hervorgegangen sind, hat sich mehr mit Engeln beschäftigt. Die in den USA aufgekommenen Mormonen ebenfalls. Auch im Islam sind Engel ins religiöse Weltbild integriert. Fast jede Religion kennt Engel. Und die norwegische Prinzessin Märtha Louise von Schleswig-Holstein-Sonderburg-Glücksburg hat eine Engelschule gegründet, in der sie Menschen zu Engelmissionaren ausbildet. Sie selbst sagt von sich, sie besitze die Gabe, mit Engeln zu sprechen. Das muss man glauben.

Der in Dortmund lehrende katholische Theologe Thomas Ruster hat 2010 das interessanteste christliche Buch über Engel geschrieben: *Die neue Engelreligion.* Er erklärt, warum Engel heute beliebt sind wie nie: Der Engelglaube entspricht ideal den Bedingungen der Moderne. Engel sind individualisierbar wie die Bedienungsoberfläche auf dem Computer. Sie entsprechen dem Selbstbewusstsein des Einzelnen auf der Suche nach einem persönlichen Ausdruck. Mit Engeln suchen Menschen Kontakt zum Himmel, aber ohne den übermächtigen Gott.

Zugleich hat die Engelreligion den Bann gebrochen, der 200 Jahre lang auf der aufgeklärten Welt lag. Die Aufklärung hat uns ins Hirn gesetzt, dass sich die Erkenntnis auf das Nachprüfbare und Berechenbare beschränken soll. Daraus ist der moderne Begriff der Wissenschaften entstanden. Der Himmel mit seinen Mächten war von dieser Vorstellung des Wissens ausgeschlossen. Er wurde zum überwundenen mythologischen Weltbild gerechnet. Die neue Engelreligion hat den Bann des Zählbaren, Berechenbaren und Nachprüfbaren, also der Wissenschaft, gebrochen.

Wie verhält man sich dazu, dass eine neue Bewegung Stücke vom Dachboden des eigenen Glaubens holt und sie erfolgreich in einer neuen Umgebung präsentiert? Es ist nicht plausibel, sich nur davon zu distanzieren. Thomas Ruster sagt: Das Christentum kann doch sein altes Wissen vom Himmel, von Engeln, Mächten und Gewalten wiederentdecken und ebenfalls einen neuen Ausdruck dafür suchen.

Wer sich auf die Suche begibt, der entdeckt, dass auch im liturgischen Bestand lutherischer Kirchen Material für Michaelisfeiern zu finden ist. Die Selbständige Evangelisch-Lutherische Kirche hat die Botschaft des Michaelistages neu formuliert: Er ist, ähnlich wie Erntedank, der Tag, an dem Gott als Schöpfer der sichtbaren und unsichtbaren Welt im Mittelpunkt steht. Also feiert Michaelis den Schutz der Schöpfung und der geschaffenen Welt.

Lässt sich ein solcher Tag neu beleben? Die Kirchen in Deutschland sind noch nicht so weit, dass sie ein solches Experiment versuchen. Die lutherische Kirche in Norwegen, dem Land, in dem Prinzessin Märtha-Louise für Engel missioniert, hat es versucht. Heidi Marie Lindekleiv berichtet, was gelungen ist und was nicht. Vielleicht noch nicht.

Die Engel sind mitten unter uns

HEIDI MARIE LINDEKLEIV, *geboren 1983, ist eine norwegische Journalistin. Sie studierte an der Universität von Oslo und an der School of Oriental and African Studies (SOAS) der Universität London „Geschichte der Ideen" und arbeitet für die norwegische Tageszeitung Vårt Land.*

Jahrelang hat die Anthroposophie das Andenken des Erzengels Michael in Skandinavien am Leben erhalten. Vor zwanzig Jahren unternahm dann die evangelische Kirche den Versuch, ihre eigene Michaelstradition zu neuem Leben zu erwecken. Jedoch stellte sich heraus, dass es nicht so leicht war wie angenommen, den Michaelistag wieder zu etablieren.

„Die Hände an den Griff!", ertönt der Schlachtruf, und Hände werden an die Hefte unsichtbarer Schwerter gelegt, während das Michaelslied erklingt: „Wir sind stark im Herzen und im Geiste, wir sind St. Michaels tapf're Streiter. Wir stapfen durch die Dunkelheit, dem St. Michael hinterher." Die Stimmen gehören den Kindern eines Waldorf-Kindergartens in Oslo. Seit einer Woche üben sie bereits für den großen Herbstfeiertag, Michaelis, am 29. September.

Früher war der Tag einer der großen religiösen Festtage in Skandinavien. Heutzutage wird der Gedenktag des Erzengels Michael hauptsächlich in theo- und anthroposophischen Gruppen nach dem Vorbild Rudolf Steiners, wie etwa Waldorfschulen und -kindergärten, gefeiert. Und obwohl Michaelis seit Kurzem von der Kirche wiederbelebt wird, werden einige Kerngedanken des Michaelistages nur in diesen Privatschulen erhalten.

Einst war die Verehrung des Heiligen Michael eine weitverbreitete Praxis in Skandinavien. Die Grundlage für die Verehrung findet man in der Bibel. Dort wird er als der schützende Engel des Volkes Gottes beschrieben – und derjenige, der die himmlischen Heerscharen gegen Satan führt, den „großen Drachen" bzw. „die alte Schlange", wie er in der Offenbarung des Johannes genannt wird. In der Antike und im Mittelalter wurde seine Legende noch weiter ausgeschmückt. Sicher ist, dass sich schon ab dem fünften Jahrhundert Michaelsverehrung im italienischen Raum entwickelte und sich von dort aus schnell nach West und Ost ausbreitete. Überraschenderweise konnte sie auch im nördlichen Teil Europas Fuß fassen. Der Fund einer Michaelsfigur in einem vorchristlichen Wikingergrab weist darauf hin, wie schnell der Erzengel in die dortige Kultur aufgenommen wurde. Wahrscheinlich machte nicht nur seine kriegerische Seite einen großen Teil seines Reizes aus, sondern auch die Tatsache, dass er die Toten ins nächste Leben begleiten konnte. Welche andere Figur sollte man sonst sinnvollerweise mit in sein Grab nehmen?

Die Kirchen die auf den Namen Michaels geweiht wurden, sowie seine Darstellungen in der bildenden Kunst verraten mehr von seiner Bedeutung für Menschen der damaligen Zeit. Er war derjenige, der die Seelen ins Jenseits begleitete, aber auch Schutzpatron der Lebenden, den man anrufen konnte, wann und wo auch immer Gefahr drohte. Daher ist es nicht überraschend, dass man die dem Heiligen Michael geweihten Stätten oft an Felsen, Bergspitzen und anderen von Wind und Wetter heimgesuchten Orten findet. Skulpturen und Gemälde stellen den Erzengel oft mit einem Schwert und einer Balkenwaage dar. Denn er war auch derjenige, der die Seelen nach dem Tod prüfte und die guten gegen die bösen Taten aufwog. Selbst wenn sich herausstellte, dass die bösen Taten überwogen, gab es immer noch die Hoffnung, dass er helfen würde – wortwörtlich sein Gewicht in die Waagschale werfen, um einen Ausgleich zu schaffen und sich vor Christus am Tag des Jüngsten Gerichts für die Menschen einzusetzen.

Im Gegensatz zu vielen anderen Festtagen überlebte der Michaelistag die Reformation und die Entstehung der protestantischen Kirche. Jedoch änderte sich schrittweise die Bedeutung des Festes. Michaelis wurde mehr oder weniger vom Erntedankfest verdrängt, das ursprünglich aus dem Michaelsfest entstanden war, sich nun aber zu einem eigenständigen Tag entwickelt hatte. 1770 wurde Michaelis nach einer Revision des offiziellen Kirchenkalenders durch das die Personalunion Dänemark-Norwegen regierende Haus der Oldenburger endgültig als Festtag abgeschafft.

Nach dieser Entscheidung wurde er vermutlich mehr oder weniger vollständig vergessen. Plötzlich jedoch, nach mehr als 200 Jahren, wurde der Versuch unternommen, diesem alten Festtag neues Leben einzuhauchen. 1999 entschied die Kirche von Norwegen, Michaelis im Rahmen einer Initiative des neu gegründeten Zentrums für Liturgie wieder in den Kalender aufzunehmen. Im Rückblick könnte man sich die Frage stellen, ob das neu aufkeimende Interesse am Heiligen Michael ein Anzeichen dafür war, dass Religion sich im Wandel befand. Eines kann man jedoch mit Gewissheit sagen: Engel standen plötzlich wieder im Rampenlicht.

Der Begriff „New Age", mit dem dieses Phänomen beschrieben wurde, war nicht länger eine Beschäftigung einiger Interessengruppen am Rand der Religion. Es sollte die Religion des „halben Königreichs" werden, wie es ein Theologe formulierte, als ein paar Jahre später Prinzessin Märtha-Louise von Norwegen eine Schule gründete, in der die Kontaktaufnahme mit Engeln auf dem Lehrplan stand. Dies war eine von pluralistischem Denken geprägte Form der Religiosität, in der es vornehmlich darum ging, seinen eigenen spirituellen Weg zu finden, und die mit einem großen Interesse an allem „Mystischen" verbunden war. Vielleicht war genau das Letztere eine Gegenreaktion auf überbetonte Rationalität und Nüchternheit, die man der protestantischen Kirche in Norwegen bis heute vorwirft. Skandinavier hatten auf Reisen im Ausland die katholische, anglikanische oder orthodoxe Frömmigkeit gesehen. An vielen beliebten Reisezielen schien der Heilige Michael allgegenwärtig zu sein. In Großbritannien tragen Hunderte Kirchen seinen Namen. In Frankreich konnte man das berühmte, befestigte Kloster Mont St. Michel an der felsigen Küste der Normandie bewundern – das zufälligerweise auch das Vorbild für die Stadt „Minas Tirith" aus J.R.R. Tolkiens „Herr der Ringe"-Trilogie war.

Aber auch Skandinavien war der Erzengel nie vollständig entflogen – was man auch der anthroposophischen Bewegung zugute halten kann, die diesen Festtag am Leben gehalten hatten. Ihr Gründer Rudolf Steiner (1861–1925) war fast schon besessen vom Erzengel Michael. Er meinte, 1879 sei ein neues Michaelzeitalter angebrochen. Der Drache, den es zu erschlagen galt, war die Macht, die den Materialismus in der damaligen Zeit stark gemacht hatte. Deshalb feiern Waldorfschulen und -kindergärten in ganz Europa die Michaelizeit, indem sie Theaterstücke aufführen, in denen der Heilige Michael den Drachen bekämpft, und mit den Kindern Mutproben machen, in denen sie lernen sollen, wie man Drachen überwindet. Würde man ehemalige Schüler einer Waldorfschule dazu befragen, würden sie einen vermutlich darüber in Kenntnis setzen, dass der Drache nichts mit Satan, feuerspeienden Reptilien oder Puff the Magic Dragon zu tun hat: Das Überwinden eines Drachen ist ein Sinnbild dafür, seine eigenen Ängste zu überwinden und sich für die Gerechtigkeit und das Gute in der Welt einzusetzen. Nach Bestehen einer Mutprobe wird man zum Ritter des Heiligen Michael geschlagen – womit man sich in bester Gesellschaft befindet: Der ehemalige Premierminister und derzeitige NATO-Generalsekretär Jens Stoltenberg war Waldorfschüler in Oslo.

20 Jahre nach der Wiedereinführung des Michaelisfestes allerdings herrscht Resignation unter den Theologen, die eine wichtige Rolle bei dem Prozess gespielt haben. Das Zentrum für Liturgie veranstaltet zwar jedes Jahr in Trondheim eine Michaelis-Konferenz. Doch ansonsten scheint es nur schwer möglich zu sein, Michaelis in das Kirchenjahr der Gemeinden einzubetten. Grund dafür ist die Nähe zum Erntedankfest mit seiner starken Tradition, in das auch Kinder gut eingebunden werden können.

Die Schwierigkeit der Wiedereinführung könnte auch darin begründet liegen, dass es auf einem scheinbar überholten Weltbild basiert. Die Moderne hat uns den Gedanken des Paradieses genommen, und damit auch den Heiligen Michael und den Kampf im Himmel. Im Vergleich dazu ist das Erntedankfest greifbarer – und passt zur Welle des grünen, ökologischen Denkens, die über die Politik und Gesellschaft hinweggegangen ist.

Wenn wir schon beim verlorenen Weltbild des Mittelalters sind: In diesem Kontext muss auch das Gedankengut der Reformation angesprochen werden. Um ein Beispiel anzuführen: In einer der bekanntesten mittelalterlichen Balladen Norwegens, „Draumkvedet" (Traumgedicht), wird der Heilige Michael „Sankte Såle Mikkjel" genannt. Grob übersetzt bedeutet das „der Heilige Seelen-Michael". Im Zuge der Reformation hat der Gedanke, dass Seelen auf ihre guten und bösen Taten hin geprüft werden, seine Bedeutung verloren. „Sola Fide" – allein durch den Glauben wird uns Gnade zuteil – lautet Luthers Lehre. Das macht die Hilfe des Heiligen Michael in der Stunde des

Todes oder beim Jüngsten Gericht unnötig. Der Erzengel hat seinen Job verloren. Oder ist zumindest in Teilzeit gegangen.

Weil aber diese kosmologische Perspektive im Kern der Tradition des Heiligen Michael liegt, ist dieses Fest so wichtig für die norwegische Kirche. Dieser Tag öffnet einen neuen Blickwinkel, den andere Festtage nicht haben. Zum Beispiel beim Abendmahlsgebet im Sonntagsgottesdienst: „Schon jetzt lässt du uns einstimmen in den Lobgesang der Engel und mit deiner ganzen Kirche dich anbeten, rühmen und preisen." Diese Worte entfalten ihre ganze Bedeutung erst im Licht des Michaelistages. Die Kirche ist eine Gemeinschaft der Lebenden und der Toten, aber auch die Engel sind mitten unter uns. Die Texte, die während des Gottesdienstes an Michaelis gelesen werden, eröffnen uns die Tiefe ihrer Rolle in dieser Welt. Im Matthäusevangelium steht: „Seht zu, dass ihr nicht einen von diesen Kleinen verachtet. Denn ich sage euch: Ihre Engel im Himmel sehen allezeit das Angesicht meines Vaters im Himmel" (Matthäus 18,10). Diese Eigenschaft wird auch in den Gebeten zu Michaelis hervorgehoben. Engel sind hier Beschützer und Helfer gegen dunkle Mächte, die den Menschen dabei helfen, den „guten Kampf des Glaubens" (vgl. 1. Timotheus 6,12) zu kämpfen. Diese Engel sind sicher nicht dieselben, die man auf pastellfarbenen Wandbildern im gemütlichen Wohnzimmer findet. Aber sie können sich durch die Dunkelheit kämpfen – wie die kleinen Michaelsritter aus dem Kindergarten.

Erntedank

Wie feiert man Erntedank in Zeiten von Börsen und Globalisierung? Wenn Seltene Erden wie Europium und Promethium für die Handyproduktion kostbarer scheinen als die Früchte des Feldes? Wenn der Kohl aus China kommt und nicht nur so heißt, die Blumen aus Israel, die Tomaten aus Spanien und die Kartoffeln aus Nordafrika? Kann man da weiterfeiern, als würden wir die Ernährung aus dem Nachbardorf beziehen?

Damit befasst sich Ekkehard Rüger. Auch ihm ist aufgefallen, dass das Fest auf den ersten Blick aus der Zeit gefallen ist. Er wirft den zweiten darauf. Mit dem sieht man besser.

Wir müssen suchen, wo wir die Abhängigkeiten finden, die dem Erntedankfest seine Tiefe gegeben haben. Und die so viel Brauchtum haben entstehen lassen. Denn das ist die Botschaft des Tages: Nichts ist selbstverständlich. Was wir empfangen, ist mehr als ein Austausch von Leistung und Ertrag. Es ist ein Geschenk aus der Hand Gottes.

Wir sind abhängig davon, dass Gott sein Versprechen wahrmacht, das er nach dem Ausstieg von Menschen und Tieren aus der Arche Noah gegeben hat: Solange die Erde steht, soll nicht aufhören Saat und Ernte, Frost und Hitze, Sommer und Winter, Tag und Nacht. Auch wenn wir in einem Biotop leben, das die Abhängigkeit so gemildert hat, dass wir sie beim Essen nicht mehr wahrnehmen.

Zum anderen ist Erntedank ein schönes, sinnliches Fest für die ganze Familie. Man kann es ausschmücken, man kann die Kinder vom frühesten Alter an daran beteiligen, den Kindergarten, die Grundschule. Man muss es nicht einmal christlich füllen. In manchen Orten gibt es zu Erntedank Festumzüge mit Musik und prächtig ausstaffierten Wagen. Aber in der Kirche macht sich der geschmückte Altar besonders gut, die Erntekrone, die seit Jahrzehnten gebastelt wird, oder der Teppich aus Früchten und Blumen. So viel Brauchtum – da fällt auch nicht mehr auf, dass Erntedank im katholischen Festkalender gar nicht vorkommt. Die evangelischen Kirchen empfehlen, ihn am ersten Sonntag im Oktober zu begehen.

Selbst die DDR hat dieses Fest aufgegriffen. Da hieß es „Erntefest", ohne Dank, denn die DDR-Staatsdoktrin kannte niemand, dem man danken sollte. „Ohne Gott und Sonnenschein bringen wir die Ernte ein" hatte der Staat in den Fünfzigerjahren plakatieren lassen. Noch in den Achtzigerjahren trugen die Mitarbeiter der Landwirtschaftlichen Produktionsgenossenschaften (LPGs) zum Erntefest Plakate umher mit dem Spruch „Junkerland in Bauernhand". Sie erinnerten damit an die Umverteilung von Land in der frühen DDR, das von adeligen Familien und Großbauern meist an die LPGs ging. Durch sie wollte der Staat Landeigentum in Staatshand konzentrieren und kollektive Produktionen aufbauen statt der Familienbetriebe. Riesige Felder entstanden, auf denen der Bodenabtrag durch den Wind zu einem vertrackten Problem heranwuchs. Jeden Herbst berichteten die Zeitungen über Erfolge in der Ernteschlacht, aber danach musste die DDR Lebensmittel importieren.

Ihre Staatsideologie huldigte noch dem Fortschrittsglauben des 19. Jahrhunderts. Dieser hatte versprochen, dass der Mensch mit wachsender Industrialisierung, auch bei der Landwirtschaft, seinen alten Feind, die Natur, endlich bezwingen und ihr Jahr für Jahr mehr Ertrag abtrotzen würde. Hemmungslos setzten die Genossenschaften Düngemittel ein, fuhren Megatonnen Gülle auf Weiden und spritzten Unkrautvernichter. Im Wittenberger Vorort Piesteritz produzierten Tausende Menschen Stickstoff, mit dem mehr Ertrag aus den Feldern gepresst werden sollte. Im Westen war längst ein neues Bewusstsein für Achtsamkeit und Umweltschutz aufgekommen. In den Kirchen hieß das „Bewahrung der Schöpfung". Auch in der DDR bildeten sich Umweltgruppen. Sie versuchten, die Luft- und Bodenvergiftung zu dokumentieren und Protest dagegen zu entfachen. Weil die Kirchen den Gedanken kannten, fanden viele Umweltgruppen Unterschlupf unter Kirchendächern. Der Staat unterdrückte sie. Denn ihr Engagement stellte infrage, dass der Staat immer das Beste tut und die Partei immer recht hat. Deshalb hatten Umweltgruppen einen geraumen Anteil am Zusammenbruch der DDR 1989. So viel revolutionäres Potenzial steckt im Erntedank.

Und der Gedanke an die Bewahrung der Schöpfung wirkt weiter. Deutsche sind sensibel geworden und verlangen im Supermarkt Salat und Gemüse ohne Nitratbelastung. Das ändert die Produktion in Afrika und im Südosten Spaniens, wo Quadratkilometer unter Plastikplanen verschwunden sind, um die wieder wachsende Abhängigkeit vom Wetter zu mindern. Der Einsatz von Dünger und Unkrautvernichtern ist auch dort gesunken. Leider ernten in Spanien immer noch in aller Regel senegalesische Saisonarbeiter zu Hungerlöhnen. Das sieht man den Supermarkttomaten auf dem Altar aber nicht an.

Erntedank ist also ein Familienfest, ein politisches Ereignis und schon deshalb immer eine Feier wert. Ekkehard Rüger macht Vorschläge dazu.

Der ewige Altarkürbis und eine Handvoll Erde

EKKEHARD RÜGER *(geb. 1965) ist Reporter in der Zentralredaktion der Westdeutschen Zeitung (WZ) in Düsseldorf. Nach Sportstudium und Volontariat arbeitete er 20 Jahre in der Burscheider Lokalredaktion der WZ. Für seine Arbeit wurde er 2007 mit dem Wächterpreis der Tagespresse und 2015 mit dem Deutschen Lokaljournalistenpreis der Konrad-Adenauer-Stiftung ausgezeichnet. Seit 2011 ist er Prädikant (ehrenamtlicher Prediger) der Evangelischen Kirche im Rheinland. Rüger ist mit einer Pfarrerin verheiratet und hat vier Kinder.*

Foto © Doro Siewert

Ja, ich bin Sohn eines schlesischen Bauern. Ja, ich kann pflichtschuldig natürlich all die Stichwörter aufzählen, die im kirchlichen Raum stehen, wenn wir Erntedank feiern: Reich und arm, Überfluss und Hunger, Nord und Süd, Abhängigkeit von Wetter und Klima, Ausbeutung und Bewahrung der Schöpfung, Dankbarkeit und Demut. Aber wenn ich ehrlich bin, sind sie jahrelang immer wieder an mir abgeperlt, während ich im Gottesdienst saß. Den ewigen Altarkürbis im Blick, eingebettet in Riesenzucchini, Weintrauben, Kartoffeln und Sonnenblumen. Matthias Claudius' „Wir pflügen, und wir streuen" auf den Lippen. Und das unbestimmte Gefühl im Bauch, mich in einer eher folkloristischen Veranstaltung zu befinden. Ich habe mich schlecht gefühlt dabei.

Nicht, dass ich inhaltlich wirklich etwas auszusetzen gehabt hätte. Aber aus irgendwelchen Gründen wollte sich die eingeforderte Dankbarkeit nicht einstellen, knapp 400 Meter Luftlinie entfernt von den gefüllten Regalen des nächsten Supermarktes. Ich habe mich als Wohlstandskind beschimpft, längst entfremdet von den Mühen der Nahrungsmittelproduktion, als undankbar und gedankenlos. Es hat nichts genutzt. Erntedank hat mir nie etwas bedeutet.

Der Sieferhof im bergischen Burscheid gewährt einen freien Blick hinunter in die Rheinebene bis nach Leverkusen und Köln. Es ist der 1. Oktober 2017, im Monat des 500. Jahrestages von Luthers Thesenveröffentlichung. Die Evangelische Kirche im Rheinland lädt für dieses Jahr zu Gottesdiensten an ungewöhnlichen Orten ein, die Evangelische Kirchengemeinde Burscheid auch. Einen Jugendgottesdienst in der Waschanlage hat es schon gegeben, einen Fahrradgottesdienst an der Radtrasse – und heute das Erntedankfest auf einem Bauernhof.

Frank und Julia Paas haben eine Wiese neben ihrem Hof zum Parken freigegeben, die Menschen strömen an einem sonnigen Herbstmorgen in den gepflasterten Innenhof der idyllischen Anlage. Am Ende sind es bald 300 Besucher, viel mehr als erwartet. Die Liedblätter reichen bei Weitem nicht aus. Für Momente wähnt man sich im Bilderbuch verblichener Kindertage. Hühner ziehen ungerührt ihrer Wege, Hähne krähen hemmungslos in die Liturgie hinein, aus dem Hintergrund melden sich ungefragt blökende Kälber.

Der Altar, natürlich: überfüllt mit Erntegaben. Später sollen sie an die Tafel weitergereicht werden. Das erste Lied, natürlich: „Wir pflügen, und wir streuen". Aber dann, noch vor dem Psalm, sagt Frank Paas ein paar Worte. Und plötzlich bekommt alles einen bewegenden Zusammenhang: das Große und das Kleine, die Welt und dieser bescheidene Hof mit 73 Hektar Land, 65 Milchkühen, 50 Rindern und acht Pensionspferden.

Paas und seine Frau bewirtschaften ihn in der dritten Generation. Gerade befinden sie sich in der zweijährigen Umstellungsphase hin zu einem Biobetrieb. Große Gedanken hat sich der Bauer nicht gemacht, bevor er zu reden beginnt. Aber in diesem Moment kommt ihm in den Sinn, wie viel abhängiger der Betrieb jetzt von den Launen der Natur ist, seit kein Kunstdünger und keine Pflanzenschutzmittel mehr zum Einsatz kommen. Wie sehr Wohl und Wehe von Umständen abhängen, die er nicht mehr in der Hand hat. Es sind nur wenige Sätze, aber sie finden ihren Weg mitten ins Herz. Mein Herz. Hier, an diesem authentischen Ort, leuchtet alles unmittelbar ein. Erntedank – Gott sei Dank.

„Eine Handvoll Erde" ist der Gottesdienst überschrieben. Und das Thema ist wortwörtlich mit den Händen zu fassen. In der Tenne, in der im Winter die Kühe Schutz finden, lädt Pfarrerin Annerose Frickenschmidt jetzt die Menschen ein, sich darüber auszutauschen, wann sie einmal die Hände voller Erde hatten. Erinnerungen werden wach: an die Kindheit, an die Gartenarbeit, ans Graben und Spielen. Die Kinder werden aufgefordert, Erde in die Schubkarre zu füllen, um später damit einen Apfelbaum, einen Hoffnungsbaum, auf dem Gelände zu pflanzen. „Wir nehmen eine Handvoll Erde und bauen an der Zukunft", sagt Pfarrerin Katrin Friedel zur Vorbereitung.

Zum Abendmahl zieht die Gottesdienstgemeinde aus der überfüllten Tenne wieder hinaus auf den Innenhof. Aber selbst er ist noch zu klein für einen Kreis, der alle Besucher fasst. Zweitkreise und kleine Zwischenschlangen bilden sich. Die beiden Pfarrerinnen und ihr Kollege Matthias Pausch versuchen, den Überblick zu behalten. Es ist eine muntere Improvisation, das Austeilen von Brot und Traubensaft verzögert sich – Warten in der Gewissheit, dass es am Ende schon irgendwie für alle reichen wird. Noch einmal erklingt der Refrain des Eingangsliedes im Rund: „Alle gute Gabe kommt her von Gott dem Herrn, drum dankt ihm, dankt, drum dankt ihm, dankt und hofft auf ihn!"

Vier Monate später, mitten im Winter auf dem Hof mit seinen bis zu 300 Jahre alten Gebäuden. Julia Paas sitzt in der Küche und sagt: „Mich berührt Erntedank viel mehr als Ostern. Ich hätte kein Wort herausbekommen." Es ist eine gemeinsame Spurensuche nach der besonderen Wirkung, die von dem Gottesdienst ausging. Und vielleicht hat diese Wirkung damit zu tun, dass seine Kulisse bei aller Idylle eben nichts Folkloristisches hat, sondern etwas Zukunftsträchtiges. Auf dem Sieferhof wird versucht, etwas zu bewahren, das gerade wieder neue Bedeutung erlangt: regionale, nachvollziehbare Produktion von Lebensmitteln, verbunden mit größtmöglicher Rücksichtnahme auf die Natur.

„Vom Gefühl her bin ich der Schöpfung mit meiner Arbeit nah, vielleicht näher als andere", sagt Frank Paas. „Man arbeitet mit Tieren, die man schätzt, man arbeitet mit dem Land und ist von der Witterung abhängig." Seine Frau denkt oft, wenn sie über den Hof geht: „Meine Arbeit ist wie aus der Zeit gefallen." Die Zahl der Landwirte schwindet und damit die Zahl der Betriebe. „Es gibt Momente, da fühle ich mich wie in einem Museum." Wenn sie mal wieder nach der Handhacke greift, sind ihr gedanklich die einfachen Bauern Afrikas näher als die IT-Spezialisten der Agrarwirtschaft. Draußen auf der Wiese wirbt inzwischen ein Schild mit der Aufschrift: „Täglich frische Bio-Milch". Und mit den Kundenbesuchen auf dem Hof ist plötzlich auch das Wissen der Alten wieder gefragt: Wie war das noch mal mit dem Quarkmachen?

Wenn sich der Blick dagegen weitet auf die Welt, dann sehen die beiden die Landwirtschaft im Spannungsfeld zwischen der Anforderung, immer mehr Menschen zu ernähren, aber auch den begrenzten Ressourcen, dem Tierwohl und einem behutsamen Umgang mit Medikamenten Rechnung zu tragen. „Immer weniger Leute haben mit Landwirtschaft zu tun, aber immer mehr stellen Forderungen an sie." Da paart sich bei Julia

Paas das Museumsgefühl mit der Gewissheit, in dem, was sie tut, „gleichzeitig ganz vorne mit dabei zu sein".

„Die Landwirtschaft hört wieder auf die Wünsche der Menschen", beschreibt Frank Paas das Umdenken. Während auf politischer Ebene noch über Glyphosat gestritten werde, hätten Maschinenbauer schon an alternativen Methoden mechanischer Unkrautbekämpfung gearbeitet. „Das ist neu, dass solche Strömungen sofort aufgenommen werden."

Im Frühsommer 2018 wird die Umstellungszeit abgeschlossen sein. Die Milch darf schon früher Bio genannt werden. Die Milchproduktion ist im ersten Jahr der Umstellung zurückgegangen, aber weniger als erwartet. 500 000 Liter, das ist ein guter Neustart. Gleichzeitig setzt der kleine Hof auf Vielseitigkeit: Die Tenne, in der im Herbst der Gottesdienst gefeiert wurde, wird im Sommer für Feiern vermietet. Neben den Milchkühen und Pensionspferden sorgt ein Blumenacker für zusätzliche Einkünfte. „Die Zukunft steht und fällt mit den Einkommensmöglichkeiten", sagt Frank Paas. Und er hofft, den richtigen Weg eingeschlagen zu haben. Das Größer, Schneller, Breiter sei in der Landwirtschaft jedenfalls nicht das ultimative Erfolgsrezept. „Die größeren Betriebe haben wegen der enormen Investitionen auch Probleme, wenn die Preise sinken."

Erntedank – das heißt an diesem Ort: die Verzweiflung kennen, wenn der Regen ausbleibt und damit die Futtermittel für die Tiere in Gefahr geraten. Das heißt, die Gelassenheit zu finden, „dass wir nicht alles managen können". Das heißt, trotz aller Sorgen und Ungewissheit wahrzunehmen, dass die Kälber trotzdem wachsen, dass sich vieles am Ende doch fügt. Dass ihr Hof für den Gottesdienst ausgewählt worden sei, habe „eigentlich im Gemeindebrief gestanden, bevor wir es wussten", erzählt Julia Paas lachend. Aber nach der gelungenen Premiere sei er jetzt schon Tradition, finden beide. Weil der Dank für die Ernte nirgendwo so gut aufgehoben ist wie hier.

Frank und Julia Paas sind jeweils 53 Jahre alt. Ihr Sohn hat sich als Wirtschaftsingenieur schon Gedanken über autonom fahrende Landmaschinen gemacht. Ihre Tochter träumt manchmal von kunsttherapeutischen Seminaren auf dem elterlichen Hof. Die Geschichte des Betriebs ist noch nicht zu Ende erzählt. Das nächste Kapitel wird bis zum Herbst geschrieben. Wenn die Ernte beendet ist. Wenn die Gemeinde wieder auf der Wiese parkt. Wenn der Dankpsalm „für die Erde, die alles hervorbringt, was wir zum Leben brauchen", wieder besonderen Sinn macht.

Reformationstag

Während dieses Buch entsteht, läuft in den nördlichen Bundesländern eine Initiative der Regierungen, den Reformationstag zum arbeitsfreien Feiertag zu machen. Der Norden könnte eine Feier mehr gebrauchen. Denn bei den Festtagen, so schrieb ich schon in der Einführung, gibt es ein Süd-Nord-Gefälle. Bayern führt die Tabelle an: 14 Feiertage. Berlin hat nur acht. Und Bayern zeigt, dass viele Feiertage ein Land nicht unproduktiver machen. Es war also Unsinn, als die Arbeitgeber zur Einführung der Pflegeversicherung 1994 die Streichung eines Feiertages forderten und die evangelische Kirche den freien Buß- und Bettag opferte.

In den neuen Bundesländern ist der 31. Oktober seit der Wiedervereinigung frei. In Baden-Württemberg ist am Reformationstag schulfrei, aber der Tag liegt oft in den Herbstferien. Pech. 2017, zum 500. Jubiläum der Reformation, war der Tag einmalig ein Feiertag.

Worin liegt die Botschaft des Tages? Natürlich haben sich katholische Bistümer unbegeistert ob des Vorschlags aus dem Norden gezeigt: Kirchenspaltung sei kein Anlass zum Feiern. Aber wer so kritisiert, der hat den 31. Oktober 1999 vergessen. Damals haben der Vatikan und der Lutherische Weltbund erklärt, dass beide in der Rechtfertigungslehre keinen Trennungsgrund mehr sehen. Die Lehre von der Rechtfertigung war der Kern der Reformation, die Einsicht, dass Gott uns Menschen ohne Voraussetzung annimmt, ohne fromme Leistungen, ohne Bußübungen und ohne jeden Tag eine gute Tat. Und dass uns das frei macht, zu glauben, zu hoffen und zu lieben, aus Dank und nicht aus Druck. Und unsere Welt zu gestalten.

Deswegen sind evangelische Pfarrer Wissenschaftler geworden, sie haben die Geodäsie und die Statistik erfunden und den Obstbau vorangebracht. Und erst die Pfarrerskinder! Gotthold Ephraim Lessing, Jean Paul, Friedrich Nietzsche, Albert Schweitzer, Gottfried Benn, Johannes Rau, Angela Merkel – oder auch Katy Perry und Alice Cooper.

Das 500. Jubiläumsjahr 2017 hat es neu zutage gefördert: Um 1517 hat eine Bewegung Schubkraft gewonnen, die urbi et orbi, der Stadt und der Welt, zu mehr Freiheit, mehr Wohlstand und mehr Bildung und Entwicklung verholfen hat, in der Politik, in der Wirtschaft, in der Kultur und vor allem in der Religion. Sie macht sich an Martin Luther fest, dem fröhlichen Anarchisten, dem genialen Rüpel und dem kindlich gläubigen Denker mit Leidenschaft und Zärtlichkeit beim Formulieren. Und einem Gewissensmenschen, dem die Wahrheit mehr galt als die Hierarchie. Leider auch einem Antisemiten. Aber die nachfolgenden Generationen haben gerade dieses schmutzige, grausame Erbe aufgearbeitet.

Luther ist in der Welt der bekannteste Deutsche, noch vor dem Rattenfänger von Hameln, und der erste Mensch, dem ein Denkmal gewidmet wurde, ohne dass er Staaten oder Schlachten gelenkt hätte. Schon dessen massige Präsenz als Statue auf dem Marktplatz von Wittenberg oder vor der Dresdner Frauenkirche lässt ahnen, dass man nicht an diesem Mann vorbeikommt.

Trotzdem gibt es Menschen, die den Gewinn an Freiheit, Wohlstand und Bildung nicht mitbegehen mögen. Wer kann das nachvollziehen? Es stehen einem die Haare zu Berge – so übersetzte Luther im Buch Jesus Sirach.

Der Reformationstag fragt: Wie kann man die Argumentationsfigur von der Freiheit eines Christenmenschen ins 21. Jahrhundert übersetzen? Wie die Unterscheidung von Glauben und Staat in einer multireligiösen Gesellschaft? Und wie kriege ich einen gnädigen Gott? Martin Luther war ein Mensch und Denker und Theologe des 16. Jahrhunderts. Die Reformation hat in Zeiten und unter Bedingungen stattgefunden, von denen uns ein geschichtlicher Graben trennt.

Die entscheidenden Fragen stellt der Grundlagentext *Rechtfertigung und Freiheit*, den eine Gruppe um den Berliner Theologen Christoph Markschies zum Reformationsjubiläum 2017 vorgelegt hat. Er fragt, wie man heute zwischen Verniedlichung und Moralisierung über Sünde sprechen kann, über die Abhängigkeit von Gott, um den Gedanken der Rechtfertigung zu verstehen. Und wie man die Freiheit in die Welt der ökonomischen und politischen Zwänge übersetzt. Dem Buch wurde „dogmatische Selbstvergewisserung" vorgeworfen. Aber was kann eine Kirche sich Besseres vornehmen als Selbstvergewisserung? Was erwarten wir von ihr, wenn nicht, dass sie die Grundlagen erklärt, die sie aus der Geschichte mit Martin Luther schöpft? Dann kann sie sich immer neu auch den kritischen Themen widmen, darunter den antijudaistischen Schriften Luthers. Oder der Tatsache, dass der Protestantismus sich deshalb in der Welt ausbreitete, weil auch die Reformation ihre Dissidenten unterdrückte, sodass sie bis nach Nord- und Südamerika auswanderten.

Typisch für Gesellschaften, die von der Reformation beeinflusst waren, wurde im Lauf der jüngsten Zeit ein freundlich-unterschiedliches Verhältnis zwischen Religion und Politik. Fast wehmütig verabschiedete sich das schwedische Parlament zur Jahrtausendwende von der Gesetzgebung für die bisherige lutherische Staatskirche. Der deutsche Staat sieht sich in fördernder Neutralität gegenüber dem Glauben. Katholische Länder müssen sich eines übergriffigeren Lehramtes und seiner Machtansprüche erwehren. Sie bilden laizistische

Gesellschaften wie in Frankreich. Bei kritischen Katholiken ist der Wunsch zu Hause, den Glauben ins Private zu schieben, auch den eigenen. Weil sie ihrer Kirche eher misstrauen. Protestanten fühlen sich nicht so schnell von einer Kirche fremdbestimmt. Deshalb diskutieren Bundeskanzlerin Angela Merkel und Bundespräsident Frank-Walter Steinmeier in Kirchen, Synagogen und Moscheen und sagen, wie ihr Glaube ihre Entscheidungen mitprägt.

Auch die katholische Kirche kann den Reformationstag mitbegehen. Denn auch sie, die Konfessionskirche, hat die Spaltung mitverursacht, und in ihrer heutigen Form ist auch sie ein Kind der Reformation. Lange hat sie sich gegen die Früchte des damaligen Umbruchs gewehrt, um dann doch viele zu übernehmen: Gottesdienst in der Landessprache, das Bibellesen, die persönliche Frömmigkeit. Sie übernahm den Gemeindegesang und die organisierte Caritas. Glaubens- und Gewissensfreiheit galten ihr noch vor 150 Jahren als gefährliche Irrlehre. Vor 60 Jahren adoptierte das Zweite Vatikanische Konzil sie als geistige Grundlage der katholischen Kirche. Nach den vorletzten Reformationsjahrhundertfeiern 1917 lockerte sich auch der Bann gegen den Reformator. 1967 begingen Katholiken und Protestanten in großer Nähe zueinander das 450. Jubiläum der Reformation. Das Standard-Lutherbuch des Jesuitenpaters Petrus Maria Appel wurde umgeschrieben. Er hatte ursprünglich gehöhnt, Luther sei nicht Herr über die eigenen Begierden gewesen. Jetzt stand das Gegenteil da: Luther habe „welthistorische Bedeutung und auch deutliche Züge von menschlicher Größe". Im Gesangbuch ist Luther – und übrigens auch sein täuferischer Gegner Thomas Müntzer – schon rehabilitiert. Müntzer hat ein Lied, Luther mehrere zum katholischen „Gotteslob" beigesteuert. Ein schöner Anlass, Reformation zu begehen. Wie, das sagt Benjamin Lassiwe. Und Allerheiligen gleich danach. Darüber schreibt Hanna Buiting.

Tag des Selbstbewusstseins

BENJAMIN LASSIWE, *geboren 1977, ist freier Journalist in Berlin.*

In Berlin sind am 31. Oktober Busse und U-Bahnen überfüllt. In den Einkaufszentren bilden sich oft lange Schlangen an der Kasse, es wirkt wie zur Eröffnung eines Winterschlussverkaufs. Denn der letzte Tag des Monats ist in der Bundeshauptstadt ein ganz normaler Werktag. Die Menschen gehen ihrer Arbeit nach, die Geschäfte sind geöffnet. Rund um die Stadt herum dagegen, in Brandenburg, ist der 31. Oktober der Reformationstag – ein gesetzlicher Feiertag. Da liegt es für viele Brandenburger, aber auch für Menschen aus Sachsen, Sachsen-Anhalt oder Mecklenburg-Vorpommern wohl nahe, dieses Datum auf ganz profane Weise zu begehen: Sie reisen zur Insel der Werktätigen im Meer der Feiertagsruhe und frönen dem Einkaufserlebnis.

Und all jenen, die keinen Bezug zur Kirche haben, kann man das vermutlich nicht einmal übel nehmen. Denn während sich rund um Weihnachten und Ostern auch jede Menge säkularisierte Traditionen gebildet haben – vom Geschenkebringer im roten Mantel bis zum massenhaften Verzehr von Schokoladeneiern –, gibt es rund um den Reformationstag dergleichen nicht. Das in Wittenberg hergestellte „Lutherbrot" wird von seinem Produzenten eher schlecht als recht vermarktet: Von der Popularität eines erzgebirgischen Christstollens ist es weit entfernt. Und die in sächsischen Bäckereien hergestellten Reformationsbrötchen haben es auch nicht aus der weiteren Umgebung von Wittenberg herausgeschafft. Der Reformationstag ist ein kirchliches Ereignis geblieben, ein zutiefst evangelischer Tag, dessen Wahrnehmung durch die Gesamtgesellschaft durch die Feierlichkeiten zum 500. Jubiläum von Martin Luthers Thesenanschlag im Jahr 2017 zwar gestiegen sein mag, der aber Nicht-Protestanten nur wenig Anknüpfungspunkte bietet. Nicht überraschend ist es deswegen auch, dass der Reformationstag zunächst im Mutterland der Reformation, in Sachsen, als Feiertag begangen wurde. 1667 war es, als Kurfürst Georg II. den Reformationstag am 31. Oktober festlegen ließ. Damals, kurz nach Ende des 30-jährigen Kriegs, wurde der 150. Jahrestag von Martin Luthers Thesenanschlag begangen. In den Folgejahren waren es wiederum vor allem staatliche Inszenierungen, die den Reformationstag groß machten: 1817 etwa, als zum 300-jährigen Jubiläum der Reformation die Pläne für das einige Jahre später auf dem Marktplatz von Wittenberg eingeweihte Schadow-Denkmal entstanden. Ein Symbol der Anerkennung der lutherischen Sachsen in einer Stadt, die erst vor wenigen Jahren, nämlich 1814, an Preußen gefallen war. Erst 2017 wurde das Fest zu einem Fest, das wahrhaft ökumenisch begangen wurde.

Aber was bedeutet der Reformationstag nun heute für den Einzelnen? Kann man diesen Tag überhaupt vernünftig feiern? Soll man Kerzen vor der Playmobilfigur des Reformators anzünden oder eine Pilgerreise nach Wittenberg unternehmen? Nein, ganz sicher nicht. Für mich persönlich ist dieser Tag vor allem ein Tag der Kirche. Ein Tag, an dem ich sehr bewusst den Gottesdienst besuche. Denn so wie das Pfingstfest als der

Geburtstag der Kirche gilt, ist der Reformationstag der Tag der evangelischen Konfession. Ein Tag, an dem es gut ist, sich darauf zu besinnen, warum man eigentlich evangelisch ist. Es schadet nichts, an diesem Tag an sein Bücherregal zu gehen und Heinz Schillings dicke Luther-Biografie nicht nur abzustauben, sondern auch einmal darin zu lesen. Es schadet auch nichts, einmal im Gesangbuch die Seiten mit den Auszügen aus Martin Luthers Katechismus aufzuschlagen und einmal darin zu lesen. Vor allem aber gehört zum Reformationstag ein guter, nach der lutherischen Tradition gefeierter Gottesdienst dazu. Sofern er denn an diesem Tag auch angeboten wird: Denn am Reformationstag in die Kirche zu gehen, ist in den Teilen des Landes, in denen das Fest lediglich ein kirchliches Fest ist und die Menschen weiterhin zur Arbeit gehen, manchmal gar nicht so einfach. Oft finden dort lediglich Schulgottesdienste oder Veranstaltungen für Schülerinnen und Schüler statt, die an diesem Tag das Recht haben, sich aus religiösen Gründen vom Unterricht befreien zu lassen. Der Gottesdienst für die klassische Gemeinde gerät dagegen oft etwas ins Hintertreffen.

Aber was, bitte, ist ein Reformationstag denn ohne das im lauten Chor gesungene „Ein feste Burg ist unser Gott“? Kein anderes evangelisches Kirchenlied steht so sehr für den Reformator, seine Zeit und seine Mentalität. Kein anderer Choral ist so sehr identitätsstiftend für die Protestanten. Und vor allem: Was wäre ein Reformationstag ohne das Abendmahl? Martin Luther war es, der das Abendmahl in beiderlei Gestalt dauerhaft in die europäische Kirchengeschichte brachte. Natürlich, auch Jan Hus forderte einst den Laienkelch, seine Lehre aber endete auf dem Scheiterhaufen des Konzils von Konstanz. Und ja, auch in der römisch-katholischen Kirche wird Laien heute auch der Kelch gereicht – aber oft nur im Ausnahmefall, in der Osternacht oder der morgendlichen Messe mit nur wenigen Gottesdienstbesuchern. Das Abendmahl in beiderlei Gestalt ist evangelisch, und so wie die Katholiken am Fronleichnamsfest die leibliche Gegenwart Christi im Sakrament der Eucharistie feiern, so sehr ziemt es sich für Protestanten, nicht nur am Gründonnerstag, wenn an das letzte Abendmahl erinnert wird, das Herrenmahl zu feiern. Am Reformationstag gilt das ganz besonders.

Wenn dieser Tag richtig begangen wird, ist er also ein Tag evangelischen Selbstbewusstseins. Und zwar nicht im Sinn von Macht und Stärke. Sondern im Sinne des Tages, an dem man sich wieder bewusst werden kann, warum man evangelisch ist. Einen Fehler freilich sollte dabei niemand mehr begehen: den der Abgrenzung zu den Katholiken. Schließlich hat das Jahr 2017 auch gezeigt, dass das Reformationsfest auch gemeinsam, von Christen beider Konfession, begangen werden kann. Und die alten Fronten des Konfessionalismus haben heute noch genau einen Platz: auf dem Müllhaufen der Weltgeschichte.

Allerheiligen

Allerheiligen ist ein evangelisches Fest, ein orthodoxes sowieso und ein katholisches auch, und jeder kann es mitfeiern. Denn die Botschaft des Festes lautet: Wir Menschen sind heilig, weil Gott uns heilig spricht, und wir sehen das beispielhaft in Menschen, die wir ausdrücklich so nennen und zu Vorbildern nehmen.

Allerheiligen ist kein evangelisches Fest, wenn man damit den Gedanken verbindet, dass Heilige durch ihre Verdienste den Schatz der Kirche vergrößern und diese daraus Ablass verteilt, der die zeitlichen Sündenstrafen für Lebende und Verstorbene mildert. So steht es im Katechismus der katholischen Kirche, und so sagt es der Papst, wenn er beim Segen „Urbi et Orbi" zu Weihnachten und Ostern und zu seinem Amtsantritt an die „Verdienste aller Heiligen" erinnert. Nun war der Ablass der Auslöser der Reformation. Martin Luther veröffentlichte seine 95 Thesen am Vorabend von Allerheiligen. Die Reformatoren und mit ihnen die evangelischen Kirchen sehen sich durch Christus selbst gerechtfertigt, ohne dass eine Kirche dabei helfen – und dadurch Macht gewinnen – müsste. Deshalb zeigen evangelische Christen Abwehrreaktionen wie ein Organismus, dem ein fremdes Organ eingepflanzt wurde, wenn sie das hören.

Aber sie hören es nicht oft. Von dieser Lehre machen Katholiken kaum Gebrauch. Hanna Buiting, die das Allerheiligenfest hier erklärt, kommt ohne sie aus.

Und es gibt freundliche Zeichen katholischer Bischöfe. 2012

ließ sich die Evangelische Kirche im Rheinland einladen, an der Heilig-Rock-Wallfahrt des Bistums Trier teilzunehmen. Der katholische Bischof Stephan Ackermann verzichtete deshalb darauf, in Rom einen Ablass zu beantragen. Sehr konservative Katholiken verargen ihm das bis heute. Ackermann wollte, dass der Anlass nicht länger als antievangelische Demonstration angesehen werden kann, und legte ihn als Christus-Wallfahrt aus.

Zeichen wie diese machen es Protestanten leichter zu erkennen, dass sie die Heiligen zu Unrecht vernachlässigen. Heilige gehören zum Glaubensbestand der gesamten Christenheit. Schon in der Bibel heißt es, dass alle Christen Heilige sind, weil sie Anteil bekommen an der Heiligkeit Gottes. Und einige verkörpern das beispielhaft. An ihnen kann man sehen, was es heißt, ein Heiliger zu sein. Heilige sind Vorbilder.

Sofort war das bei Märtyrern klar, die für ihr Bekenntnis zu Christus ihr Leben verloren haben. Mit ihnen setzte die Heiligenverehrung ein. Im dritten Jahrhundert kam die Vorstellung auf, Heilige seien Fürsprecher und Nothelfer und man könne sie daher anrufen, aber nicht anbeten. Ihr Fest entstand, als die Kirche noch ungeteilt war. Das berichtet Hanna Buiting ebenfalls. Dann meinten die Päpste in Rom, sich die Definitionshoheit über Heilige sichern zu müssen. Deshalb entwickelte die westliche Kirche ein rechtliches Verfahren zur Heiligsprechung. Heilige wurden ein Instrument der Macht.

Die Lutheraner wollten das alte Verständnis der Heiligen als Vorbilder wieder neu zum Leuchten bringen. In ihrem wichtigsten Bekenntnis, der Augsburger Konfession, betonten sie, „dass man der Heiligen gedenken soll, damit wir unseren Glauben stärken, wenn wir sehen, wie ihnen Gnade widerfahren und auch wie ihnen durch den Glauben geholfen worden ist; außerdem soll man sich an ihren guten Werken ein Beispiel nehmen, ein jeder in seinem Beruf“. Eine Anrufung aber sei aus der Bibel nicht zu begründen. Die Reformierten lehnten das

Heiligenwesen strikt ab, weil es der Konzentration auf Christus widersprach. Deshalb hat sich tief in evangelische Seelen eingegraben, dass man niemand außer Gott im Gebet anspricht: Bitte nicht mehr anrufen!

1523, als die Reformation richtig Fahrt aufnahm, sprach der deutsche Papst Hadrian VI. den im 12. Jahrhundert gestorbenen Bischof Benno aus Meißen heilig. Martin Luther befürchtete, damit solle die Ausbreitung der Reformation in Sachsen behindert werden. Er schrieb die Streitschrift „Wider den Abgott und Teufel, der zu Meißen soll erhoben werden“. 1539, als die Reformation in Meißen eingeführt wurde, bargen Katholiken Bennos Gebeine. 1576 brachte man sie nach München. Vier Jahre später wurde Benno zum Schutzpatron Münchens gekürt. Heute steht der Schrein mit seinen Überresten rechts auf einem Seitenaltar der Münchner Frauenkirche. Solche Formen der Heiligenverehrung sind vielen Katholiken heute fremd, jedenfalls im deutschen Sprachraum.

Aber auch der Protestantismus hat seine Heiligen. Dietrich Bonhoeffer zum Beispiel und andere, die ihren Glauben im Dritten Reich mit dem Leben bezahlten. Oder Martin Luther King. Auch Martin Luther und andere Reformatoren wurden zeitweilig wie Heilige bewundert. Dinge, die sie hinterlassen hatten, genossen verehrungsähnliche Bewunderung. Aber sie selbst hatten ja die religiöse Verehrung abgelehnt. Also blieb das Verhältnis zu ihnen in diesem Zwiespalt bestehen.

Wolfgang Huber, der frühere Ratsvorsitzende der evangelischen Kirche, hat das Heiligengedenken wiederzubeleben versucht. 2007 erschien im Auftrag der Evangelischen Kirche in Deutschland ein Band unter dem Titel *Ihr Ende schaut an* ... Er enthielt eine Sammlung von Märtyrern des 20. Jahrhunderts und mehrere Versuche, die Märtyrer auch theologisch neu in der evangelischen Kirche zu verankern. Wolfgang Huber hat ein neues Verständnis dafür geweckt, dass es wichtig ist, ihre

Geschichte aufzuschreiben und damit im Bewusstsein zu halten. So können sie heute als Vorbilder dienen.

Und Heilige verbinden getrennte Kirchen. 1998 enthüllte der Erzbischof von Canterbury in Anwesenheit der englischen Königin eine Statuenreihe von zehn Märtyrern in den gotischen Nischen über dem Westportal der Westminster-Abtei in London. Einer davon ist Dietrich Bonhoeffer. Wenn jemand mit dem Leben für seinen Glauben einsteht, werden Kirchengrenzen unwichtig.

Dietrich Bonhoeffers Freund und Biograf Eberhard Bethge befasste sich 1969 mit der bis heute umstrittenen Frage, ob Dietrich Bonhoeffer tatsächlich als Märtyrer gelten kann. Denn er wurde nicht als Pfarrer umgebracht, sondern als Mitarbeiter der Abwehr des Admirals Wilhelm Canaris, weil er sich an der Vorbereitung eines Anschlags auf Adolf Hitler beteiligte. Seit den Tagen der Alten Kirche galt, dass ein Märtyrer infolge seiner unmittelbaren Bezeugung des Evangeliums umgebracht worden ist. Bethge verwirft das „impertinente Interesse" an der Abgrenzung des Evangeliums. Und hebt hervor, wie die neuen Märtyrer – dass sie welche sind, daran hegt er keinen Zweifel – sich durch ihre politische Einmischung von denen der Alten Kirche unterscheiden: „Es handelt sich nicht mehr um einen heilig heroischen, sondern den schuldbedeckten Zeugen für das Humanum, der sich nicht fernhält von der Welt, sondern bei denen aushält, die verantwortlich oder verloren in Hoffnungen und Bosheiten dieser Welt verwickelt sind."

Von Bonhoeffer lässt sich auch lernen, dass ein Heiliger kein von der Welt abgewandter Mensch ist. In einem Brief schrieb er 1944: „Ich erinnere mich eines Gespräches, das ich vor 13 Jahren in Amerika mit einem französischen jungen Pfarrer hatte. Wir hatten uns ganz einfach die Frage gestellt, was wir mit unserem Leben eigentlich wollten. Da sagte er: Ich möchte ein Heiliger werden – und ich halte es für möglich, dass er es geworden ist –; das beeindruckte mich damals sehr. Trotzdem widersprach ich ihm und sagte ungefähr: ich möchte glauben lernen."

Die östlich-orthodoxen Kirchen haben eine eigene Tradition der Heiligen. Sie wirkt weit in den Alltag hinein. Orthodoxe Christen achten noch strenger darauf, dass Kinder den Namen eines Heiligen bekommen. Das schränkt die Namensauswahl ein. Katholiken sind da flexibler.

Wenn auch Protestanten die Heiligen neu entdecken, könnten wir in ein paar Generationen eine heilige Chantal und einen heiligen Kevin haben.

Aber – die Wirklichkeit überholt alle Klischees. Chantal heißt bereits die Namenspatronin von Hanna Buiting, wenn auch mit Familiennamen. Und Kevin von Glendalough aus dem sechsten Jahrhundert wurde 1903 heiliggesprochen.

Der Tod aß mit uns Nusshörnchen

HANNA BUITING, *geboren 1992, ist Autorin, Kolumnistin und Journalistin.*
Foto © Hannes Leitlein

Allerheiligen verbindet mich mit meiner katholischen Tradition und mit Kindheitserinnerungen: vertraut, verlässlich, festlich. Denn dieser Feiertag, begangen am 1. November, bedeutete in meiner Kindheit im Ruhrgebiet: schulfrei haben und am frühen Abend, wenn die Dämmerung gerade einsetzte, mit der ganzen Familie auf den nahegelegenen Friedhof gehen. Dort dann Lichter sehen, Kerzen anzünden, Nachbarn treffen, Grabsteine bestaunen, Geburtsjahre ausrechnen und Kastanien sammeln, um irgendwann mit kalten Händen und roten Näschen nach Hause zurückzukehren. Zu heißem Kakao und Nusshörnchen frisch aus dem Ofen.

Allerheiligen war in meiner Familie immer ein stiller Tag. Nicht traurig, eher nachdenklich. Eine Gelegenheit, um über den Tod zu sprechen, Fragen zu stellen, Schmerz auszuhalten: Warum musste Papas Bruder so früh gehen? Was macht Oma Hanna im Himmel wohl gerade? Und wann beginnt unser eigenes Lebensende?

In meiner Kindheit war Allerheiligen vor allem also ein Tag, an dem wir uns an die Verstorbenen unseres Lebens erinnerten und uns auch mal mit der eigenen Sterblichkeit beschäftigten. Ein Familientag in Moll. Eine nachdenkliche Unterbrechung zwischen den Freudenfesten Erntedank und St. Martin.

Bis heute halte ich an diesem Tag inne. Auch wenn ich inzwischen in Berlin lebe, wo Allerheiligen kein gesetzlicher Feiertag ist und der Alltag daher in üblichem Tempo weiterrauscht, denke ich an diesem Tag bewusster über die Vergänglichkeit des Lebens nach. Ich nehme mich für ein paar Stunden aus der Pflicht, zünde eine Kerze an, besuche einen Friedhof und spreche ein Gebet. Für diejenigen, die diese Welt schon verlassen haben, aber auch für diejenigen, die mir lieb und teuer sind in diesem Leben und die ich um keinen Preis gehen lassen wollte, obwohl ich doch weiß, dass das nicht in meiner Hand liegt. Und so bete und bitte ich um Zeit, die uns bleibt.

Kleiner Karfreitag

Allerheiligen ist für mich ein kleiner Karfreitag und damit herausfordernd. Und das auf gleich mehreren Ebenen. Zum einen ist da der Schmerz. Sich Fragen von Vergänglichkeit, Abschied und Tod auszusetzen, das fiel mir als Kind leichter als heute. Wenn ich jetzt zu lange über das Davongehen nachdenke, dann schießen mir heiße Tränen in die Augen, mein Herz schmerzt, da wehrt sich etwas in mir. Da ist das Gefühl von Kontrollverlust, von Angst, von Ungewissheit. Da wird mir bewusst: Das Leben ist nicht so planbar, wie wir das gern hätten. Es könnte jeden Moment vorüber sein. Und was geschieht dann?

Sich Fragen von Vergänglichkeit, Abschied und Tod auszusetzen, das fällt mir in den Tagen vor Ostern leichter als im November. Denn jedes Jahr, wenn ich aufs Neue die Seiten des Kalenders von Oktober auf November umblättere, habe ich das Gefühl, über eine Schwelle zu treten. Ins Dunkle hinein. Der Herbst lässt sich längst nicht mehr leugnen. Die Tage sind trüb geworden. Der Regen prasselt verlässlich gegen die Fensterscheiben. Bis zur lichten Adventszeit dauert es noch. Und erst recht bis Ostern. Den November und seine dunklen Stunden auszuhalten, das fällt nicht immer leicht. Der Novemberblues wäre zu gern Gast in meinem Herzen. Und dann noch Allerheiligen: Dieser Tag, der, seitdem ich denken kann, ein stiller Tag war, eine nachdenkliche Unterbrechung des Alltags. Der Tod aß mit uns Nusshörnchen. Alle Jahre wieder.

Und so kann ich, selbst wenn ich es wollte, diesen Tag nicht einfach aus meinem Kalender und meinem Bewusstsein streichen. Er gehört auf besondere Weise zu meiner Biografie. Also nehme ich die Herausforderung an, lasse mich unterbrechen, gebe dem Tod einen Raum. Mitten im Leben. Auch wenn Auferstehung noch fern scheint.

Gedenktag aller Heiligen

In den letzten Jahren habe ich mir außerdem noch einmal neu die Bedeutung von Allerheiligen bewusst gemacht. Denn am Nachmittag des 1. Novembers Gräber zu besuchen und an die Verstorbenen, etwa der Gemeinde, zu denken, wie wir das als Familie immer taten, ist eine Tradition, aber noch kein Feiertag.

Allerheiligen wurde ursprünglich durch die Kirche im 4. Jahrhundert als „Herrentag aller Heiligen“ festgelegt. Als ein Erinnerungstag für die Menschen, die sich in besonderer Weise dem Andenken verdient gemacht hatten und daher vom Papst heiliggesprochen wurden. Mutige Männer und Frauen, die in ihrem Leben eine Veränderung herbeigeführt hatten. Meist völlig selbstlos, opferbringend, gottvertrauend. Zunächst gedachte man ihrer gesammelt am ersten Sonntag nach Pfingsten. Papst Gregor IV. verlegte den Tag jedoch im 9. Jahrhundert auf den 1. November. Grund dafür war, dass man wirklich feiern und die Heiligen angemessen ehren wollte. Mit reich gedeckten Tischen. Das ging nach der Ernte im Herbst besonders gut.

Mit diesem Wissen um die eigentliche Bedeutung des Feiertags veränderte sich auch mein Blick auf den 1. November. Denn im ursprünglichen Sinne ist Allerheiligen gar nicht der Trauertag, zu dem ich ihn gemacht hatte. Still, melancholisch, im Novemberblues. Anders als Totensonntag oder Karfreitag steht zu Allerheiligen das Andenken im Vordergrund, das Ehrerbieten, die Erinnerung. Modern formuliert: die Orientierung an Heiligen, Vorbildern und Ikonen, verbunden mit der Frage: Wie lebe ich eigentlich? Nur für mich selbst oder auch für andere? Was ist mein Beitrag? In dieser Welt. Politisch, sozial, christlich?

Deswegen ist Allerheiligen auch herausfordernd. Für mich zumindest. Denn neben dem Nachdenken über die Vergänglichkeit menschlichen Lebens, dem ich an diesem Tag traditionell Raum gebe, kommt für mich die Frage nach gesellschaftlicher Verantwortung hinzu. Als getaufte Katholikin fühle ich mich besonders am 1. November herausgefordert, mich dieser Frage zu stellen. Denn ich verbinde mich innerlich mit den Heiligen meiner Kirche. Ich erinnere mich meiner Herkunft, suche nach dem christlichen Kern in meinem Leben, denke darüber nach, zu was mich meine Taufe berufen hat. Ich lasse mir dieses alte, schöne Wort immer wieder leise flüsternd auf der Zunge zergehen: Allerheiligen. Was, wenn in uns allen etwas Heiliges steckt? Oder wir zu Heiligen Aller werden sollen? Heilbringend und heilend. So, wie wir eben können, dort, wo wir uns gerade befinden.

Verbunden sein

Ich verbinde mich innerlich mit den Heiligen meiner Kirche und erinnere mich: Ich trage einen Namen. Hanna. Das bedeutet Gnade. Und ich trage diesen Namen nicht zufällig. Meine Eltern ließen mich katholisch taufen, wählten eine Namenspatronin für mich aus: die heilige Johanna Franziska von Chantal, geboren im 16. Jahrhundert, die gemeinsam mit Franz von Sales einen Orden gründete. Für Frauen, deren Herz erfüllt war von Gott und von der Liebe zu den Menschen. Den Orden der Salesianerinnen, die auf die Straße gingen, um Armen und Kranken zu helfen und dabei erkannten: Gott wohnt überall.

Mit meinem Namen trage ich gewissermaßen auch ein Erbe. Ich heiße nicht ohne Grund so, wie ich heiße. Meine Eltern wählten eine Patronin für mich aus. Johanna. Zum Schutz, aber möglicherweise auch zum Vorbild. Das bedeutet nicht, dass ich gleich einen Orden gründen muss. Viel eher ist es ein Dürfen: Ich darf mich einreihen in die lange Reihe von Menschen, mutigen Frauen und Männern, die ihre Lebenszeit nutzten, um etwas zu verändern. Heilbringend und heilend. Heilig. Und ich darf versuchen, mein Leben ebenso zu gestalten: Heilbringend und heilend. Vielleicht ein bisschen heilig. So, wie ich eben kann. Dort, wo ich mich gerade befinde.

Zu Allerheiligen lasse ich mich unterbrechen, gebe dem Tod einen Raum, aber immer auch dem Leben. Ich denke an die, die waren, und die, die sind. Ich zünde Kerzen an, besuche einen Friedhof, bete. Ich gehe wach durch die Welt. Mit dem Mut zur Veränderung. Mit dem Gefühl von Verantwortung.

Und ich backe Nusshörnchen. Der Tisch ist reich gedeckt. Der Tod hat es sich bequem gemacht. Aber das Leben besetzt gleich drei Stühle.

Sankt Martin

Schulsekretärinnen sind die Fachfrauen für Sankt Martin. Auch wenn das Fest erst am 11. November gefeiert wird – sie beginnen schon früh im Jahr mit den Vorbereitungen. Es wird von Jahr zu Jahr komplizierter. Alle Genehmigungen müssen vorliegen, alle Auflagen erfüllt sein. Baustellen brauchen sorgfältige und weiträumige Sicherung. Die Feuerwehr muss mit einem Einsatzwagen und genügend Leuten zur Stelle sein. Das Rote Kreuz ebenfalls. Falls einer umfällt. Oder das Pferd scheut. Ach ja, auch der Tierschutz muss grünes Licht geben. Pferde sind Fluchttiere. Es muss klar sein, dass das Pferd mit dem heiligen Martin nur ganz vorn gehen kann, sagt die Sachbearbeiterin des Ordnungsamtes. Ja, antwortet die Schulsekretärin freundlich und denkt: Wo denn sonst? Aber woher soll die Frau vom Amt es auch wissen. Der Martindarsteller muss früh im Jahr daran erinnert werden, dass er mit den Reitstunden beginnt. Er fährt eigentlich nur Auto.

Und er braucht einen richtigen Helm. Der geht in die Hunderte und ist nicht schnell zu besorgen. Der alte war ein Karnevalshelm, wenige Euro, und er sah auch so aus und ging noch am Abend kaputt. Das mitzuerleben kratzt am Mythos. Und frühzeitig den Eltern sagen, dass Kerzen tabu sind. In die selbstgebastelten Laternen kommt heute eine LED mit Flackerautomatik und Batterie. Nur die Fackelträger hinter dem Pferd dürfen mit offenem Feuer hantieren. Oder sollten wir auf dem Schulhof wieder ein Martinsfeuer machen? Nein, lieber nicht, dann wird es noch aufwendiger. Dann muss auch noch das Stadtgrün gefragt werden, ob die Abstände zu den Bäumen reichen. Und der Rektor wird bestimmt keine Feuerschale mit zwei Metern Durchmesser bewilligen, wenn die Asbestsanierung erst mal kalkuliert und die Ausstattung mit Tablets durch ist.

So viel Aufwand für eine einfache Botschaft: Gib, so viel du kannst. Martin, der Leibgardist, teilte im vierten Jahrhundert im französischen Amiens mit einem Bettler, was er hatte. Er hatte Pferd, Schwert und Mantel. Pferd und Schwert kann man nicht teilen, also war der Mantel an der Reihe. Damals konnte man Mäntel teilen, denn sie hatten noch keine Ärmel.

In der Nacht darauf soll Jesus dem jungen Soldaten erschienen sein und gesagt haben: „Martinus, der noch nicht getauft ist, hat mich mit diesem Mantel bekleidet." Deshalb sah er seine Bestimmung nicht mehr im Heer, sondern im Dienst für Christus. Als seine Soldatenzeit abgelaufen war, wurde Martin Bischof von Tours und strenger Asket. So berichtet es sein Biograf Sulpicius Severus um 395. Zu einem Heiligen gehört immer auch ein Chronist, der sein (Er-)Leben festhält. Damals wurden die Geschehnisse reichlich ausgeschmückt, um eine Wahrheit zu überliefern, die man nicht mit den Augen sieht.

Nach seinem Tod trat Martin unfreiwillig wieder in den Dienst der Kriegshandwerker. König Chlodwig I., der Begründer des Frankenreiches, erklärte Martin im sechsten Jahrhundert zum Schutzheiligen der fränkischen Könige und ihres Volkes. Der Mantel, mit dem alles begonnen haben soll, ging als fränkische Reichsreliquie an den Königspalast in Paris und wurde zu allen Feldzügen mitgenommen. Mit dem Heer und der Reliquie verbreiteten sich der christliche Glaube und Martins Verehrung unter Alamannen und Galliern. Es war eine andere Zeit. Im 16. Jahrhundert zerstörten Hugenotten das Textil. Seine Reste finden sich in der Martinskirche von Tours. Die Legende vom jungen Soldaten und seinem christlichen Verhalten, bevor er Christ war, hat sich im kollektiven Gedächtnis der deutschsprachigen Kultur eingenistet.

Der katholische Bischof Peter Kohlgraf aus Mainz hat 2018 in seinem Hirtenbrief zur Fastenzeit versucht, den Heiligen für einen Aufbruch zu aktivieren und mit Martin eine „Kirche des Teilens“ zu werden. Das ist typisch katholisch: Wo bei Protestanten ein Satz aus der Bibel steht, steht bei Katholiken ein Heiliger. Aber die Botschaft ist dieselbe. Und es ist konsequent und konzentriert. Martin ist der Patron des Bistums. Der Mainzer Dom, Kohlgrafs Bischofskirche, trägt Martins Namen. So kann die Kirche die Geschichte, die über Kirchengrenzen hinausgewachsen ist, wieder besetzen.

Was kann man tun? „Wir können einen Teil von unserer Zeit für andere Menschen da sein. Wir können einen Teil von unserem Geld an arme Menschen geben. Wir können Sachen aus dem Kleider-Schrank an andere Menschen geben“, sagt die Version des Hirtenbriefs in Leichter Sprache. Und: „Wir können auch unseren Glauben an Gott und Jesus mit anderen Menschen teilen. Der heilige Martin hat das gemacht.“ Die Sätze bringen die Botschaft des Martinstages auf den Punkt.

Davon berichtet auch Joachim Heinz. Und bei ihm brennt auch noch ein Feuer.

Was fürs Herz

JOACHIM HEINZ, *geboren 1974 in Saarbrücken, aufgewachsen in Bonn. Studium in Bonn, Toulouse und Freiburg. Er ist Redakteur bei der Katholischen Nachrichten-Agentur in Bonn.*

Sankt Martin passt eigentlich nicht in unsere Zeit. Teilen ist eher out. Und dass sich einer versteckt, weil er nicht ganz vorn im Rampenlicht stehen will, wirkt fremd in einer Gesellschaft, in der sich andauernd irgendwelche Selbstdarsteller in die erste Reihe performen und jeder darauf aus ist, seinen Traum zu leben. Unterm Strich zähl ich? Martins Maxime war das nicht – zumindest geht die Legende anders.

Geboren wohl 316 oder 317 im heutigen Ungarn, kam Martin in Diensten der römischen Armee nach Gallien. Am Stadttor von Amiens begegnete er der Überlieferung zufolge einem frierenden Bettler, dem er eine Hälfte seines Mantels schenkte. Später lebte er zunächst als Einsiedler, bevor er 371/372 Bischof von Tours wurde – angeblich auf Drängen des Volkes und gegen seinen eigenen Willen. Er versuchte, das Problem in einem Gänsestall auszusitzen. Doch das Schnattern der Tiere verriet ihn.

Es gibt noch viele andere, teilweise recht bunte und eigenwillige Geschichten über diesen Heiligen, dessen einfacher

Lebensstil und dessen Geradlinigkeit bei vielen Zeitgenossen offenbar bleibenden Eindruck hinterließen. Warum mir persönlich das Martinsfest besonders sympathisch ist, hat allerdings auch mit dem Brauchtum zu tun, das sich um den Gedenktag am 11. November rankt.

Eigentlich hat dieses Datum einen eher traurigen Hintergrund: Es bezieht sich auf die Beisetzung Martins, der wenige Tage vorher, vermutlich am 8. November 397, auf einer Missionsreise starb. Trotzdem geht es an diesem Tag bunt und fröhlich zu. Es wird viel gesungen, vor allem im Rheinland. Schließlich soll schon der Kölner Bischof Severus seinerzeit überzeugt gewesen sein, dass die Engel jubilierten. Der „Herr Martin" werde nun gen Himmel geleitet, war sich der Kirchenmann sicher.

Heute mögen manchem Engel vielleicht die Ohren klingen, wenn er zum Beispiel in die Gemeinde Sankt Martin im Bonner Ortsteil Muffendorf hineinhorcht. In der Kirche ist es sagenhaft laut, was vielleicht daran liegt, dass hier sämtliche Kinder aus der näheren und ferneren Umgebung zusammenkommen. Die Andacht – in den vergangenen Jahren begleitet von einem unerschrockenen Priester mit Gitarre – ohne jede andächtige Stille dient allerdings nur als Vorspiel für das eigentliche Spektakel: den Martinszug mit anschließendem Martinsfeuer.

An der Spitze reitet natürlich: Sankt Martin, angetan mit rotem Mantel und schimmernder Legionärsuniform und gern auf einem Schimmel sitzend, vermutlich weil sich das im Halbdunkel einfach besser macht. Mittendrin: ein Bläserensemble, das ein Potpourri der populärsten Martinslieder intoniert. Davor und dahinter: Kinder mit Strahleaugen, die nach Martin und seinem Pferd Ausschau halten. Und Erwachsene mit zusammengekniffenen Augen, die in der Dämmerung nach ihren Kindern mit den Laternen Ausschau halten.

Leider erhalten so die oft kunstvoll gebastelten Leuchtmittel nicht die Aufmerksamkeit, die ihnen eigentlich zustehen müsste. Gesehen habe ich da schon alles: von hüpfenden grasgrünen Fröschen über psychedelisch bunte Schnecken bis hin zu aufwändigen Collagen mit Szenen aus dem Leben Martins. Dazu gesellen sich ein paar Jugendliche, die ganz „cool" mit einer Pechfackel in der Hand herumlaufen. So kenne ich das schon aus meiner eigenen Kindheit, mit dem einzigen Unterschied, dass in den Laternen der Kleinen Elektrolämpchen flackern und keine Kerzen. Sicher ist sicher.

Echtes Feuer – abgesehen von den Pechfackeln – gibt es aber dann doch noch: auf dem Dorfplatz zum Schluss des Zuges. Dieses „Martinsfeuer" soll seine Wurzeln bei den alten Germanen haben. Martin, der zeitlebens gegen alles „Heidnische" zu Felde zog, dürfte darüber wenig erbaut sein. Aber es gibt ja zum Glück auch die Deutung, wonach das Feuer Licht ins Dunkle bringt, ähnlich wie Martins Taten „das Erbarmen Gottes in die Dunkelheit der Gottesferne brachten". So formulierte es zumindest einmal Brauchtumsforscher Manfred Becker-Huberti.

Egal – dieses Feuer macht etwas her. Im Hintergrund erleuchten die Flammen die Silhouette von Alt Sankt Martin, einer gedrungenen romanischen Kirche, die zu den ältesten Bauten Bonns gehört. Im Jahr 913 zum ersten Mal urkundlich erwähnt, liefert sie ganz nebenbei den Beweis, welche Tradition die Martinsverehrung hat. Allein in Frankreich soll es bis zum Ende des Mittelalters mehr als 3.600 Martinskirchen gegeben haben. Vor allem den Jüngsten, die um das Muffendorfer Martinsfeuer herumsausen, dürften derlei Statistiken herzlich egal sein. Für sie gilt es jetzt, am Stand in der Nähe des Feuers einen Gratis-Weckmann zu ergattern.

Und damit wären wir bei einem weiteren Punkt, der mich am Martinstag erfreut: der kulinarische Aspekt. Der Weckmann, ein Teigmännchen aus der Gattung der „Gebildebrote", mit einer Tonpfeife im Arm ist nur ein Beispiel. Meine Großmutter war eine Spezialistin für die „Martinsküchelchen" –

eine Art Pfannkuchen mit jeder Menge Rosinen. Dann gäbe es da noch den „Döppekooche", ein äußerst kalorienreiches Kartoffelgericht, für das es mindestens ebenso viele Bezeichnungen gibt wie Zutaten, die „unbedingt" hineingehören. Früher kam derlei bei armen Leuten auf den Tisch. Als Ersatz für die Martinsgans, die sich nicht jeder leisten konnte.

Man schlug sich noch einmal den Bauch voll, bevor es in die vorweihnachtliche Fastenzeit ging. Heute stärkt die Aussicht auf Essen die Kondition für den letzten Akt des Martinsfestes: das „Schnörzen". Dabei ziehen Kinder und auch Erwachsene von Haus zu Haus und schmettern noch einmal die Lieder, die eben beim Zug aufgrund der allgemeinen Aufregung ein wenig untergingen. Im Gegenzug erhalten die Kleinen Süßigkeiten – im Rheinland werden dabei mitunter die „Kamelle", also Bonbons, aus der vergangenen Karnevalssession einer Zweitverwertung zugeführt – und die Großen bekommen hier und da ein Schnäpschen. Zumindest ist das in Muffendorf so.

Einen „Heischebrauch" nennt das der Fachmann. So wie zum Beispiel der Ruf „Trick or treat" an Halloween, mit dem auch hierzulande Kinder die Anwohner zur Herausgabe von Leckereien bewegen wollen. In Muffendorf haben sie damit keine Chance. Ich konnte schon erleben, wie ein Nachbar einen versprengten Trupp in rheinischem Singsang maßregelte: „Halloween machen wir hier nicht. Haut ab, kommt an Sankt Martin wieder! Dann tut ihr schön singen und bekommt auch was."

Insofern steht einstweilen wohl auch nicht zu befürchten, dass sie das Martinsfest in „Lichterfest" umbenennen, wie das offenbar andernorts schon geschehen ist. In letzter Zeit wird viel über Heimat geredet, auch viel Unsinn ist dabei. Ich weiß nicht, ob für mich Heimat so ungeheuer wichtig ist, dass ich mich nur dort wohlfühlen kann, wo ich aufgrund verschiedener Umstände wohne oder aufgewachsen bin. Aber wenn ich zum Schluss des „Schnörzens“ beim Blumenhändler in unserer Straße einen Teller Kürbissuppe esse – übrigens mit die beste, die ich kenne – und mit Freunden oder Bekannten ein kurzes Wort wechsle, ist mir irgendwie heimelig zumute. Und das habe ich letzten Endes auch Martin zu verdanken.

Totensonntag

Ist eine Hoffnung heftiger angegriffen worden als die, dass die Christen ein nicht endendes Leben in Gemeinschaft mit Gott erwartet? Als „Vertröstung aufs Jenseits“ hat sie der marxistische Philosoph Ernst Bloch verdächtigt. Heinrich Heine hatte die Kritik intoniert („Den Himmel überlassen wir den Engeln und den Spatzen“); Friedrich Nietzsche ließ seinen Zarathustra wettern, die Hoffnung auf ewiges Leben sei die final überstei-gerte Selbstsucht, „das bisher größte und bösartigste Attentat auf die vornehme Menschlichkeit“. Bloch trieb zwei Generationen von Theologen in die Defensive.

Denn darum geht es beim Toten- oder Ewigkeitssonntag: Dass man sich an die Toten erinnert, aber aus ihrem Leben und ihrem Glauben Hoffnung schöpft für das ewige Leben, so wie es die Bibel verspricht. Und dass man aus dem Gedenken daraus Maßstäbe gewinnt für das Leben hier und jetzt. Angesichts der Tatsache, dass das Leben endet. Und angesichts der Tatsache, dass das Leben nach dem Tod die Maßstäbe für das Leben vor dem Tod verändert. Das sah Bloch anders.

Noch heute gehen viele Pfarrer vorsichtig mit der Hoffnung Trauernder um – die wieder halten sie umso beharrlicher fest –, dass sie Freunde und Angehörige, die sie eben verloren haben, wiedersehen werden. Wer in die Kirche geht, spricht regelmäßig den letzten Satz des Apostolischen Glaubensbekenntnisses: „Ich glaube an die Auferstehung der Toten und das ewige Leben.“

Ein Blick in die Bibel zeigt, warum er im Glaubensbekenntnis steht: Der Satz gehört zu den zentralen Aussagen des Neuen

Testaments und geht unmittelbar hervor aus den Berichten über die Auferstehung Jesu. Jesus hat den Tod besiegt, weil Gott ihn auferweckt hat zum ewigen Leben in seiner Gemeinschaft. Mit seiner Auferweckung hat Gott allen Menschen das Angebot gemacht, in der Nachfolge Jesu mitzukommen in das ewige Leben. Es umgibt den Einzelnen wie die gesamte Welt. Auch die Zeit der Welt ist also begrenzt, ihr Leben läuft auf ein Ziel hin: das neue Kommen Christi und die Neuschöpfung des Kosmos.

Die Konsequenz des Neuen Testaments liegt nun nicht darin, dass angesichts der Ewigkeit in der Nähe Gottes dieses kurze, rationierte Stück Zeit auf der Erde an Bedeutung verliert. „Handelt, bis ich wiederkomme", lässt Jesus einen Fürsten in einem Gleichnis seinem Hofstaat sagen. Und die Bilder, die das Neue Testament vom Jüngsten Gericht malt, zeigen das Leben in der vorfindlichen Welt als entscheidende Zeit für die Ewigkeit. Die Ewigkeit soll Menschen motivieren, die endliche Spanne verantwortlich mit Leben zu füllen.

Die Kritik der Philosophen richtete sich dagegen, dass die Rede vom ewigen Leben als Drohpotenzial eingesetzt wird und eine Kirche die Menschen gefügig macht, weil sie beansprucht, die Schlüssel zum Tor zur Ewigkeit zu besitzen. Dieser Machtmissbrauch und die Infragestellung aller Jenseitsvorstellungen durch die Naturwissenschaften haben die Theologie vorsichtig werden lassen. Sie hat alles auf den Prüfstand gestellt.

Aber sie hat auch herausgearbeitet, dass die Sätze im Glaubensbekenntnis vom ewigen Leben zum Kern des Christentums gehören. Und dass man sie nach wie vor mitsprechen kann, ohne intellektuellen Verrat zu begehen. Wie sich das ewige Leben abspielt, bleibt unklar. Undenkbar ist es nicht mehr. Dass es kommt, das kann Christen auch im 21. Jahrhundert noch trösten.

So wie im 18. Jahrhundert den Liederdichter Gerhard Tersteegen. Dorothee Sölle nannte ihn „Mystiker des Todes". Er, der Pietist, der von dem Augustinermönch Thomas von Kempen aus dem 14. Jahrhundert fasziniert war, ist den meisten als der Dichter des Liedes „Ich bete an die Macht der Liebe“ bekannt, das zum „Abendgebet des preußischen Heeres“ wurde. Er versuchte immer wieder, mit dem Tod ins Gespräch zu kommen. Der Glaube an die Ewigkeit, so stellt Sölle fest, spiele bei Tersteegen „eine große Rolle, aber es ist nicht der Glaube an das weiterlebende Ich, wohl aber ein Aufgehobensein in Gott“. Sie zitiert Tersteegens Lied: „Ein Tag, der sagt dem andern,/ mein Leben sei ein Wandern/ zur großen Ewigkeit./ O Ewigkeit, so schöne,/ mein Herz an dich gewöhne;/ mein Heim ist nicht in dieser Zeit.“

Ein Interview mit ihr und ihrem Mann Fulbert Steffensky wenige Wochen vor Sölles Tod zeigt Gemeinsamkeiten und Unterschiede der beiden Theologen. Sölle meint: „Was die Tradition ein seliges Ende nannte, war die Bejahung des Fortgehens. Ein nicht mehr krampfhaft am Weiterleben Festhalten, ein Ja zur Endlichkeit des geschaffenen Lebens.“ Sie selbst hat nie an ein Weiterleben nach dem Tod geglaubt. Fulbert Steffensky vertritt die andere Position. Er kann sich ein Leben nach dem Tod vorstellen: „Ich kann nur Gott gegen Gott anführen, der zugesagt hat, dass das Leben nicht in eisige Abgründe abstürzt, sondern geborgen ist in seiner Hand. Mehr weiß ich auch nicht, aber weniger will ich auch nicht sagen.“

Jauchzet! Frohlocket!

SABINE LANGENBACH, *Jahrgang 1967, ist Moderatorin, Autorin, Ghostwriterin und Referentin für Lebensfragen. Seit mehr als 25 Jahre ist sie hinter dem Mikrofon, vor der Kamera und auf der Bühne zu erleben. www.sabine-langenbach.de.*
Foto © Bernd Manthey

Sonntagmorgen, Ende November, Mitte der 1970er-Jahre. Verschlafen schäle ich mich aus dem Bett und gehe in die Küche. Dort ist meine Mutter mit den Vorbereitungen fürs Frühstück beschäftigt. Wie immer dudelt das Radio. Zu meinem Erstaunen läuft da aber nicht die flotte Musik wie sonst. Langsame, getragene Töne wallen mir entgegen. Klassik? Ich verstehe die Welt nicht mehr. Seit wann hört meine Mutti solche Musik? Sie sieht mein irritiertes Gesicht und erklärt: „Heute ist Totensonntag. Da werden keine Hits gespielt."

Diese Szene fällt mir ein, wenn ich an Totensonntag in meiner Kindheit denke. Sofort ist auch wieder das Gefühl der verordneten Trauerstimmung präsent. Interessanterweise wurde die nicht etwa von meinen Eltern verbreitet. Die waren erfreulicherweise eher locker mit solchen Dingen. Ich vermute, es lag eher an einer Art gesellschaftlichem Zwang. Nach dem Motto: Am Totensonntag muss man ernst sein.

Außerdem hat meiner Meinung nach die damals noch sehr überschaubare Medienlandschaft zu einer besonderen Totensonntagsstimmung beigetragen. Wenn statt Schlager und Pop nur ernste Musik zu hören ist und die üblichen Unterhaltungsprogramme bei den damals drei öffentlich-rechtlichen Fernsehsendern ausfallen, dann kann das die Gemütsverfassung einer Familie schon mal durcheinanderbringen. Zumindest habe ich das damals so empfunden.

Heute würde keiner der privaten oder öffentlich-rechtlichen Sender mit ihrer genau auf das Zielpublikum zugeschnittenen Musik auch nur für fünf Minuten seine Musikfarbe ändern, nur weil Totensonntag ist.

Das ist gut so. Verordnete Trauerstimmung mag ich nämlich bis heute nicht. Es muss jeder selbst entscheiden können, ob und wie er diesen Tag begeht, den das Gesetz als Gedenk- und Trauertag zu den Stillen Feiertagen rechnet. Aber ich bedauere, dass die besonderen Gedenktage immer weiter aus dem Sichtfeld der Öffentlichkeit verschwinden. Es ist doch auch eine Chance, wenn ich mir hin und wieder vor Augen führe, dass nichts so sicher ist wie der Tod. Wenn ich weiß, dass mein Leben begrenzt ist, lerne ich eher Prioritäten zu setzen.

Eine Bauernweisheit aus dem südasiatischen Bhutan besagt sogar, dass ein glücklicher Mensch fünfmal täglich über den Tod nachdenken muss. Das haben sich die Betreiber der englischsprachigen App „WeCroak“ zu eigen gemacht und senden weltweit Tag für Tag je fünf Zitate rund um den Tod. Ihr Ziel ist es, dass ihre Kunden über die eigene Sterblichkeit zum Glück finden. Die Bewertungen der App sind durchweg positiv. Ob das auch in unseren Breitengraden funktioniert, wage ich zu bezweifeln. Der Gedanke an den eigenen Tod wird bei uns doch eher verdrängt. Das würde erklären, warum der Totensonntag in der öffentlichen Wahrnehmung eine untergeordnete Rolle spielt.

Besonders deutlich wurde mir das, als ich Anzeigen und Werbebanner eines Autohändlers entdeckte, die für einen

„Schlemmermarkt" warben. Offensichtlich war keinem der Planer aufgefallen, dass das Ganze am Totensonntag stattfinden sollte.

Bis die Lokalzeitung in einem satirischen Wochenrückblick auf einen groß angelegten Kinderflohmarkt hinwies, der am Totensonntag geplant war, aber kurzfristig eine Woche vorverlegt wurde, wegen des Feiertags. Da fiel dem Autohändler auf, dass sein Markt an diesem Tag doch unpassend sein könnte. Nur ein paar Tage vorher wurde die Veranstaltung auf den 1. Advent verschoben.

Eigentlich hätte die zuständige städtische Behörde die Veranstalter schon im Vorfeld darauf hinweisen müssen, dass der Markt nicht stattfinden kann. Denn das Landesgesetz über die Sonn- und Feiertage verbietet an den Stillen Feiertagen Volksfeste, gewerbliche Ausstellungen und „alle der Unterhaltung dienenden öffentlichen Veranstaltungen einschließlich Tanz".

Dass man im Rathaus nicht sofort reagiert hat, zeigt einmal mehr: Der Totensonntag wird kaum noch wahrgenommen, weder als Stiller noch als kirchlicher Feiertag.

Spannend finde ich, dass sich dieser Gedenktag im Kirchenjahr nicht direkt auf ein biblisches Ereignis bezieht wie die meisten anderen christlichen Feiertage. Er entsprang vielmehr einem königlichen Befehl.

König Friedrich Wilhelm III. von Preußen hat 1816 den evangelischen Kirchen in seinem Gebiet das „allgemeine Kirchenfest zur Erinnerung an die Verstorbenen" verordnet.

Warum dieser Feiertag eingeführt wurde, darüber gibt es Spekulationen. Ein Grund könnte gewesen sein, dass damit der vielen Gefallenen der Befreiungskriege von 1813 bis 1815 gedacht werden sollte. Andere vermuten, dass der König damit seinem Schmerz und seiner Trauer Ausdruck geben wollte über den Tod seiner Ehefrau Luise von Mecklenburg-Strelitz. Aber es könnte auch ein weiser Schachzug gewesen sein, um seinen evangelischen Untertanen entgegenzukommen. Im Zeitalter der Romantik vermissten viele von ihnen nämlich einen Gedenktag für die Toten, wie ihn die Katholiken mit Allerseelen haben. Was auch immer der ausschlaggebende Faktor war: Die preußische Verordnung zum „Totensonntag" wurde schnell für alle evangelischen Landeskirchen in Deutschland übernommen.

Dabei darf nicht verschwiegen werden, dass die reformatorischen Kirchen schon kurz nach Luthers Tod 1546 bei der Entwicklung des Kirchenjahres entschieden hatten, dass es an den Sonntagen im November in den biblischen Lesungen der Gottesdienste um Tod, ewiges Leben und Jüngstes Gericht gehen sollte. Der Totensonntagserlass von Friedrich Wilhelm III. brachte 270 Jahre später den staatlich geschützten Feiertag. Doch er setzte auf einer gewachsenen Tradition auf.

Aber: Die Silbe „Feier-" will einfach nicht passen, wenn man an liebe Menschen denkt, die gestorben sind. Für mich war es vor vielen Jahren wie eine Befreiung, zu hören, dass evangelische Christen mittlerweile lieber vom Ewigkeitssonntag sprechen.

Mit Totensonntag assoziiere ich: schwarz, traurig, perspektivlos.

Mit Ewigkeitssonntag dagegen: Licht, Hoffnung, Zukunft.

Das kann ich eher feiern. Auch wenn Schmerz und Trauer über den Verlust eines geliebten Menschen bleiben. Aber: Es wird ein Wiedersehen geben. Nach dem Tod. In Gottes Herrlichkeit, die man auch „Himmel" nennt. Jesus Christus selbst hat davon gesprochen (Matthäus 5,3; Lukas 23,43 und Johannes 14,1–3).

Wie auch immer es in Gottes Wohnungen dann genau sein wird. Die Autoren der Bibel halten sich ja leider in Bezug auf detaillierte Beschreibungen der Ewigkeit zurück. Nur so viel ist klar: Leid und Tränen gibt es dort nicht mehr.

Ein Stück Ewigkeitshoffnung habe ich erlebt, als unser Freund Rainer plötzlich mit 63 Jahren starb. Meiner Freundin Margit war es wichtig, dass jeder, der wollte, sich von ihrem Mann verabschieden konnte. So wurde er in einem kühlen Zimmer zu Hause aufgebahrt. Mit gemischten Gefühlen fuhr ich hin. Eigentlich wollte ich „nur" meiner Freundin meine Anteilnahme zeigen. Aber ich bin als Beschenkte wieder nach Hause gefahren. Das Verabschieden war nicht furchterregend, sondern von einem besonderen Frieden erfüllt. Natürlich haben wir geweint. Aber wir konnten auch beten und danken. Margit war trotz aller Trauer und aller Fragen Gott dankbar für ihre gemeinsame Zeit. Sie fühlte sich getröstet und wusste ihren Rainer in Gottes Armen geborgen. Die Hoffnung auf das Wiedersehen im Himmel überstrahlte den Kummer.

Das brachte auch die Todesanzeige zum Ausdruck. Es wurde darin nicht zur Trauerfeier in die Kirche eingeladen, sondern zur Auferstehungsfeier. Margit wollte damit klarmachen: Für die, die auf Jesus Christus vertrauen, geht es nach dem Sterben weiter. Das zog sich auch durch den gesamten Gottesdienst bis hin zur Urnenbeisetzung.

Für mich war es wertvoll, dass ich Rainer noch einmal gesehen habe. Das Lächeln auf seinen erkalteten Lippen und der Friede, der sich im Raum ausgebreitet hatte, ließen mich erahnen, dass das Leben hier nur ein Auftakt ist für etwas Größeres.

Der Tod hat nicht das letzte Wort – mit dieser Erkenntnis wird der Totensonntag für mich zum Ewigkeitssonntag. Aus dem Trauer-Tag wird ein Feier-Tag.

Als Familie pflegen wir eine Tradition an diesem dunklen Novembersonntag: Nach Sonnenuntergang hören wir gemeinsam aus Johann Sebastian Bachs Weihnachtsoratorium den großen Eingangschor „Jauchzet, frohlocket". Auf die Idee brachte mich ein Freund, der vor ein paar Jahren bei Facebook von diesem Ewigkeitssonntag-Ritual berichtete. Der Gedanke gefiel mir gut. Obwohl unsere Kinder schon im gehobenen Teenageralter waren, habe ich sie damals eingeladen, mit mir zusammen gegen 17 Uhr den Eingangschor von Bach zu genießen. Mit Erfolg. Unsere mehrfachbehinderte Tochter strahlte, klatschte, sang mit und konnte von den erhebenden Klängen nicht genug bekommen. Sogar ihr großer Bruder blieb und hörte zu. Seitdem ist „Jauchzet, frohlocket“ unser gemeinsamer Übergang vom Ewigkeitssonntag zum Advent.

Für mich sind diese Minuten nach den tristen Novembertagen der Ausblick auf eine lichterfüllte, hoffnungsvolle Zeit und letztlich auch auf die Ewigkeit.

Vielleicht wird meine „Jauchzet, frohlocket“-Tradition ja weitergereicht. Hauptsache, ich vermittle keine verordnete Trauerstimmung am letzten Sonntag des Kirchenjahres.

Nikolaus

Im Oktober 2017 machte der Nikolaus Schlagzeilen. Türkische Archäologen waren sicher, sein wahres Grab gefunden zu haben, genau rechtzeitig vor seinem Fest am 6. Dezember. Unter einem Mosaikfußboden in der historischen Nikolauskirche in Myra, dem heutigen Demre, orteten sie einen unversehrten Schrein. Cemil Karabayram, der Leiter des Denkmalschutzes in der südtürkischen Provinz Antalya, ging davon aus, dass darin unversehrt die wahren Gebeine des berühmten Bischofs lägen. Und dass die anderen eine Fälschung seien, die, die im Sommer zuvor von Italien nach Moskau und St. Petersburg gebracht wurden. Sie sollten das Klima zwischen dem Vatikan und der russischen Orthodoxie aufhellen. Denn in Russland wird der Bischof seit dem sechsten Jahrhundert hoch verehrt. Im elften Jahrhundert, noch bevor sich die Kirche in Ost und West spaltete, wurden die angeblichen Gebeine aus Myra geraubt und ins süditalienische Bari entführt. Das gab dem Nikolauskult im westlichen Europa einen Schub. Ähnlichen Auftrieb hätte die Türkei jetzt vermutlich gern dem lahmenden Tourismus gegeben. Seither hört man nichts mehr von den Gebeinen. Sollte sich die Geschichte als wahr erweisen, sagte Karabayram, „dann finden sie hier in Demre kein Zimmer mehr“. Darin lag wohl die stärkste Motivation für den Glauben an die einzig wahren Nikolausgebeine.

Das Beispiel zeigt, dass Heilige und ihre Feste heute noch tief im kulturellen Gedächtnis verankert sind. So tief, dass sich mit ihnen immer noch Politik machen lässt. Und dass auch in der Türkei mit ihrer wachsenden Islamisierung die Wirtschaft wichtiger ist als die Religion.

In Westeuropa ist Nikolaus wie sonst nur noch Weihnachten zum Fest der Kinder geworden. Und sein Namensgeber ist mit der Zeit gegangen. Zwar haben die kleinsten immer noch Respekt, wenn er in die Kita kommt. Aber der verliert sich bald. Denn der Nikolaus bringt nur Gutes: Geschenke, Lob und Süßigkeiten. Der moralische Zeigefinger ist ihm abhandengekommen. Kinder müssen nicht mehr artig sein. Und er kommt allein. Eine Mischung aus moderner Pädagogik und Rationalisierung hat die meisten Planstellen seiner Begleiter gestrichen, des Knecht Ruprecht mit der Rute und schon gar des grauslichen Krampus im Habsburgerreich, der in früheren Generationen Kinder in den Wald entführte.

Die Legenden über Nikolaus erzählen, dass er Arme versorgte, unschuldig Verurteilte schützte und Frieden stiftete. Der Geschenkebringer und die moralische Befragung mithilfe des goldenen Buchs, aus dem er von Taten und Untaten der Kinder erfährt, sind später entstanden. Sie sollen damit zusammenhängen, dass früher am 6. Dezember im Gottesdienst die neutestamentliche Geschichte von den anvertrauten Talenten in Matthäus 25 gelesen wurde. Die Reformation hat die Heiligenverehrung infrage gestellt. Deshalb musste die Bescherung von Nikolaus auf Weihnachten verlegt werden. Das mischte die Persönlichkeit des Bischofs und seiner Begleiter zu einer neuen Figur, die Heinrich Hoffmann von Fallersleben 1835 besang: „Morgen kommt der Weihnachtsmann". Die ersten Schoko-Nikoläuse stammen ebenfalls aus dieser Zeit und waren noch massiv und keine Hohlkörper.

An manchen Orten wurde der Nikolaus vom neu erfundenen Christkind abgelöst. Im 19. Jahrhundert formten das Brauchtum in den USA und die Firma Coca-Cola daraus die Figur des Santa Claus. So ist er zum Weltbürger geworden. Und keine seiner Weiterentwicklungen hat sein Bild überdeckt. Sie existieren alle nebeneinander und beleben das Brauchtum. Die Moral ist in die Erwachsenenwelt weitergewandert. Das katholische Bonifatiuswerk vertreibt die wahre und echte Nikolausfigur, aus fair gehandelter Schokolade, mit Mitra auf dem Kopf statt der roten Bommelmütze, und mit Bischofsstab. Das ist würdig und gerecht.

Nikolaus Schneider, der evangelische Theologe, der seinen Namen trägt, hat mit seiner Familie einen eigenen Brauch erfunden. Sie hat das goldene Buch weiterentwickelt und daraus ein Ritual entstehen lassen, das die Familie verbindet, über alle Grenzen, selbst über den Tod hinaus.

Nikolaus entdeckt den Nikolaus

NIKOLAUS SCHNEIDER, *geboren 1947 in Duisburg, war von 2010 bis 2014 Ratsvorsitzender der Evangelischen Kirche in Deutschland und von 2003 bis 2013 Präses der Evangelischen Kirche im Rheinland.*

Wenn man Nikolaus heißt, bleibt es wohl nicht aus, dass man irgendwann gefragt wird, ob man den Nikolaus macht. Bei mir war es nicht anders. Mein erster Einsatz als Nikolaus gelang aber pädagogisch eher nicht im Sinn der Erfinderinnen. Ich sollte im Kindergarten meiner ersten Gemeinde in Rheinhausen am 6. Dezember den Nikolaus spielen. Das pädagogische Konzept sah eine anschließende Entmythologisierung vor: Die Kinder sollten mich demaskieren und mir das Nikolauskostüm ausziehen – und feststellen, dass es heute gar keinen „echten" Nikolaus mehr gibt, sondern nur Menschen, die ihn spielen.

Ich ließ mich darauf ein. Also zog ich mir den roten Mantel an, die Mütze auf und bekam einen Wattebart ins Gesicht. Mit einem Sack voller Geschenke zog ich in den Kindergarten ein. „Da kommt der Nikolaus", riefen die Kindergärtnerinnen den Kindern zu. Nach der Bescherung stand die Aufklärung an. Die Kinder halfen mir beim Ablegen der Nikolaus-Requisiten. Und stellten überrascht fest: „Unter dem weißen Bart hat der Nikolaus ja einen schwarzen." Und weil mich die Kindergärtnerinnen bei dieser Aktion weiter bei meinem Vornamen „Nikolaus“ nannten (es waren die antiautoritären 70er-Jahre und ich als gerade frisch gebackener junger Pfarrer duzte mich mit den Kindergärtnerinnen unserer Gemeinde), kamen die Kinder ins Nachdenken: „Bis du doch der Nikolaus?“ Sie fragten sich, ob sie jetzt dem wirklichen Nikolaus und nicht einem seiner ungezählten Doubles begegnet waren. Mein Vorname und das Zutrauen der Kinder, dass Himmelswesen auf die Erde kommen können, brachten das pädagogische Konzept ins Wanken ...

Ich habe nicht zuletzt durch diese Aktion meine Berührungsängste mit dem Heiligen Nikolaus – der für mich bis dahin nur für die katholische Tradition von Bedeutung war – und mit der Feier seines Gedenktages verloren. Wir begannen, den Nikolaustag auch in unsere Familie zu begehen. Am Nachmittag des 6. Dezember luden wir befreundete Familien ein mit Kindern im gleichen Alter wie unsere. Während des Kaffeetrinkens kam der Nikolaus, in der Regel der Vikar oder der Küster meiner Gemeinde. Die Eltern hatten jeweils einen Text über ihre Kinder für das goldene Buch vorbereitet, aus dem der Nikolaus vorlas. Ganz viel Gutes war da zu hören und nur ein bisschen Kritik. Sobald sie schreibfähig waren, durften auch die Kinder Texte über ihre Eltern zum goldenen Buch beisteuern. Das taten sie mit Begeisterung. Und sie diskutierten auch mit Begeisterung die Bewertungen aus dem goldenen Buch. Diese Diskussionen zwischen Eltern und Kindern gehören zu den mir ganz eindrücklichen und wichtigen Erinnerungen an die Advents- und Weihnachtszeit in unserem Pfarrhaus. Neben der oft etwas unkritischen Bestätigung, die ich als Amtsperson von Gemeindegliedern erhielt, tat es mir ganz gut, mich den oft überraschenden familiären Bewertungen aus dem Mund des Nikolaus zu stellen. Ich glaube, meiner Familie auch. Der Nikolaus – und damit wir einander – beschenkte und stärkte uns mit der Gewissheit: Wir werden geliebt trotz und mit unseren Schwächen und Fehlern.

Als unsere Kinder erwachsen wurden, endete die Tradition der Nikolausnachmittage. Aber die Idee mit den Texten lebte weiter. Die Kinder, meine Frau und ich schrieben uns weiter Nikolausbriefe und steckten sie uns gegenseitig in die Nikolausstiefel oder schickten sie uns zu. Besondere Bedeutung hat für mich der letzte Nikolausbrief unserer dritten Tochter Meike, die im Februar 2005 mit 22 Jahren an Leukämie starb. Er bleibt ein Hoffnungslicht in meiner Trauer über ihren frühen Tod.

Advent

Noch einmal soll es um Engel gehen. Sie haben schon beim Michaelistag eine Rolle gespielt, der Feier zu Ehren des Erzengels Michael. Dort war bereits die Rede davon, dass Engel zu Advent und Weihnachten ihren großen Auftritt haben. Das spiegelt sich im Adventsbrauch von Christoph Markschies. Dort spielen Engel die Hauptrolle. Christoph Markschies ist hochrenommierter Theologe und Professor für antikes Christentum.

Deshalb weiß er, dass es um die Engel immer Streit gegeben hat, solange sie in der Theologie eine Rolle spielten. Christoph Markschies berichtet darüber in seinem 2016 erschienenen wissenschaftlichen Werk „Gottes Körper" über die Vorstellungen der Leiblichkeit Gottes in der Antike. Wer darüber forscht, kommt an den Engeln gar nicht vorbei. 122mal sind sie in seinem Buch erwähnt.

Sie wurden ganz unterschiedlich gedacht. Im „Buch des Elchasai", wahrscheinlich zur Zeit des römischen Kaisers Trajan, sind sie riesig, wahre Monster, mit einer Schulterbreite von 63, einer Taillenweite von 42 und einer Fußlänge von mehr als 36 Kilometern. Besonders schön sahen diese Proportionen nicht aus, schreibt auch Markschies. Vor allem die Füße sind überdimensioniert. Vermutlich wollten die Autoren damit aber weniger über die Engel selbst sagen. Es ging ihnen wohl mehr darum, der Autorität der Engel ein Bild zu geben – und mit dieser geballten Autorität abweichende Praktiken in christlichen Sondergruppen zu legitimieren.

Manche Theologen der Antike und des Mittelalters waren

hingegen der Meinung, dass Engel körperlos sind. Thomas von Aquin zum Beispiel.

Ein Blick in die Advents- und Weihnachtsstube von Christoph Markschies zeigt, dass das ein Irrtum war. Natürlich haben Engel Körper, und nicht immer entsprechen sie unseren Vorstellungen von Schönheit. Das mit dem Körper gilt besonders für die, die aus dem Erzgebirge kommen.

Und dass sie in seiner Stube stehen, das enthält eine weitere Botschaft: Wenn der Wissenschaftler gesprochen hat, ist noch nicht alles gesagt. Das entlastet die Wissenschaft, nebenbei, von mancher Erwartung, die Menschen an sie richten.

Christoph Markschies selbst stellt sich überdies der Kritik, dass Engel, so wie sie bei ihm stehen, nichts als Kitsch sind. „Kitsch" lässt er gelten, das „nichts" nicht. Wenn wir feiern, können Kategorien wie „Kitsch" oder „Volksfrömmigkeit" – oder mit was Feiergewohnheiten infrage stellen soll –, keine letzte Geltung besitzen. Feste leben von dem, was wir in sie hineinpacken. Und was wir mitnehmen, aus der Kindheit, aus vertrauten oder lieb gewordenen Erfahrungen. So gehen Feste, und so geht Religion. Man kann das Wort vom lateinischen „religare" ableiten, dem Rückbinden, aber auch von „religere", etwas immer wieder tun. Die regelmäßigen Feste sind Wiederholungen, die Religion ist auch eine. Wiederholungen sind eine Wohltat.

Davon sprach Gregor von Nyssa, als er um 382 nach Christus das Weihnachtsfest in Kappadokien in der heutigen Türkei einführte. Türkische Fremdenführer zeigen Touristen heute gern die alten Felsenkirchen der Region. Sie lassen vermuten, dass Gregors Idee auf fruchtbaren Boden fiel. So hat er den Menschen das Fest erklärt:

„Aus welchem Grund wohl stieg Gott zu solcher Niedrigkeit herab, dass unser Glaube wohl wanken möchte, ob er, das unfassliche, undenkbare und unaussprechliche Wesen, das über alle Herrlichkeit und Hoheit ist, sich mit der armseligen Hülle der menschlichen Natur so umkleidet hat, dass durch diese Verbindung mit dem Irdischen sogar seine unendlichen Kräfte in Mitleidenschaft gezogen wurden?

Darauf können wir leicht eine Antwort geben, die der Hoheit Gottes Rechnung trägt. Wenn du die Wohltaten, die uns Gott erweist, aus unserm Leben streichst, wirst du kaum noch etwas finden, das dich zur Erkenntnis Gottes führen könnte.

Denn aus den Wohltaten, die wir empfinden, spricht der Wohltäter zu uns. Indem wir auf das Gute, das uns zuteil wird, unser Augenmerk richten, ziehen wir daraus einen Schluss auf das Wesen und die Gesinnung dessen, der es uns spendet.

Hast du nun auf diesem Weg gefunden, dass die Liebe zu uns Menschen ein besonderes Merkmal göttlichen Wesens ist, so hast du damit auch den Grund, hast die Ursache, warum Gott unter den Menschen weilte. Unsere kranke Natur bedurfte des Arztes, der gefallene Mensch bedurfte der Aufrichtung, der des Lebens verlustig Gegangene bedurfte des Lebendigmachers, der seiner Verbindung mit dem Guten Beraubte bedurfte des ihn zum Guten Zurückführenden.

Der in Finsternis Gehüllte sehnte sich nach der Ankunft des Lichts, der Gefangene verlangte nach dem Retter, der Bedrückte nach dem Erlöser, der vom Sklavenjoch Niedergehaltene nach dem Befreier. Sind dies zu geringfügige, zu unbedeutende Dinge, als dass sie Gott hätten bestimmen dürfen, wie ein Arzt zum Besuch der menschlichen Natur herabzusteigen, nachdem sich nun einmal die Menschheit in einer so kläglichen, armseligen Lage befand?“

Aus Wohltaten, die wir empfinden, spricht der Wohltäter zu uns. Eine der Wohltaten, die Christoph Markschies erlebte, war das Engelorchester seiner Eltern. Hier liefert er gute Gründe dafür, warum Eltern gut daran tun könnten, selbst ein Engelorchester zu gründen. Das Erzgebirge hilft dabei.

Meine Engelkapelle

CHRISTOPH MARKSCHIES, *geboren 1962, ist evangelischer Theologe und Professor für Ältere Kirchengeschichte an der Humboldt-Universität zu Berlin. Er ist Ehrendoktor der Universität von Sibiu/Hermannstadt, der Universität Oslo und, als erster Protestant, der Päpstlichen Lateranuniversität in Rom.*
Foto © Thomas Meyer/OSTKREUZ

Jedes Jahr wird sie kurz vor Weihnachten aus den Kisten geholt und auf dem Stutzflügel im Wohnzimmer aufgebaut. Auf einer großen hellblauen Wolke. Die Engelkapelle. Und jedes Mal, wenn ich sie aufbaue, denke ich: Natürlich. Es handelt sich um Kitsch. Schlimmen Kitsch sogar. Und es handelt sich auf den ersten Blick auch um keine gute Musik, die von der Kapelle geboten wird: Die Orgel spielt ausweislich der Noten über den Tasten „Stille Nacht", das Klavier „O du fröhliche" und der Engel am Pult dirigiert: „Ihr Kinderlein kommet". Die Engel sind – vorsichtig gesprochen – eher vollschlank, sie dürften in den dünnen weißen Hemdchen ziemlich frieren, wir haben auch viel zu viele Bläser auf der Wolke und zu wenig Streicher und so weiter und so fort. Aber wenn dann am Abend die vielen Kerzen auf der Wolke hinter dem Engelorchester angezündet werden und der milde Schein des Lichtes die grünen Flügel mit den weißen Punkten beleuchtet, dann fallen alle solchen Bedenken von mir ab. „Haben Sie aber viele schöne Engel", rufen viele, die zu Besuch kommen in diesen weihnachtlichen Tagen, oder sie rufen „schön viele Engel". Beides stimmt eigentlich: viele schöne Engel und schön viele Engel. Wenn ich mich zurücklehne und darüber nachdenke, warum ich so gern auf die Engelskapelle mit den vielen Engeln sehe, dann fallen mir sofort ganz viele Gründe ein, fast so viele, wie Engel auf dem schwarzen Stutzflügel in unserem Wohnzimmer stehen.

Ein paar will ich aufschreiben: Weihnachten hat auch mit sentimentaler Erinnerung zu tun, mit Erinnerung an eine Kinderwelt, also an eine heile Welt. Pure Reflexion über das Christuskind lässt sich nicht feiern. Meine Vorlesung endet immer *vor* Weihnachten. Und dafür ist nicht nur der Kalender verantwortlich. Für mich sind auch theologisch sehr starke Texte über Weihnachten immer verbunden mit Empfindungen und Stimmungen: „Heut schleußt er wieder auf die Tür zum schönen Paradeis; / der Cherub steht nicht mehr dafür, Gott sei Lob, Ehr und Preis." Wenn ich diese Liedstrophe lese, denke ich an Momente, in denen ich den alten Choral gesungen habe und das weihnachtliche Strahlen dabei im Raum und im Herz. Theologisch qualifizierte Hoffnung auf die Ankunft Gottes im Christuskind, wie sie der Choral des sechzehnten Jahrhunderts ausdrückt, lässt sich für mich kaum von den sentimentalen Erinnerungen trennen, die sich mit solchen weihnachtlichen Texten verbinden.

Ich bin mir auch ziemlich sicher, dass ich die sentimentalen und leicht kitschigen Elemente von Weihnachten gar nicht mit dem scharfen Messer strenger theologischer Zensur abschneiden muss von meinem alljährlichen Feiern. Insofern ist die Engelkapelle ein schönes Symbol dafür, dass Weihnachten schon deswegen sentimentale Seiten hat, weil Gott mitten in diese Welt voller Gefühle kommt, mitten in meine Ängste, Hoffnungen und Sehnsüchte.

Dann die drei verschiedenen Stücke, die die Kapelle spielt – auch sie symbolisieren auf ganz schlichte Weise hohe Theologie:

Es ist eben eine Engelkapelle auf Wolken im Himmel und nicht das städtische Orchester im Kulturhaus. Hier auf Erden würde es kein gutes Konzert, wenn das Orchester aus verschiedenen Noten spielen müsste. Dort, bei Gott, wird das, was hier auf Erden dissonant geblieben ist, in eine einzige große, himmlische Harmonie zusammengeführt. Niemand muss seine Individualität aufgeben, niemand muss Parteisoldat im Heer der Engel oder Statist im himmlischen Palast werden. Gerade die krummen Wege, auf denen wir das geworden sind, was wir nun einmal sind, bleiben Gott wichtig – auf immer und ewig. Schon auf Erden ist es so, dass die einen „Stille Nacht" lieben und die anderen „O du fröhliche". Aber hier steht das oft gegeneinander: Die einen wollen „Stille Nacht" aus den Gottesdiensten heraushalten, für die anderen muss es hinein. Und im Himmel klingt es ganz harmonisch zusammen. Ein schönes Bild für etwas, was natürlich ganz anders sein wird als alle ach so begrenzten irdischen Bilder. Selbstverständlich ist Himmel nicht einfach die schlichte Fortsetzung eines irdischen Gottesdienstes oder gar einer Debatte über die Qualität von Kirchenliedern. Aber das, was auf dem Klavier steht, ist gleichnisfähig für die himmlischen Töne.

Und ein letzter Gedanke zur Engelkapelle: Das Weihnachten, an das wir schon im Advent erinnern, hatte nichts Großartiges. Es war keine hohe Kunst in dem Sinne, in dem wir diesen Ausdruck für ästhetische Spitzenleistungen verwenden. Auch damals, im jüdischen Lande zur Zeit des Königs Herodes, als Cyrenius Landpfleger (wie Luther sagte, historisch präziser: als Quirinius Statthalter) in Syrien war, war Kleidung knapp und wurde der Heiland der Welt nicht unter denen geboren, die im Römischen Reich als schön, stark und mächtig galten. Und es war doch plötzlich unendlich viel Wärme, Herzlichkeit und Menschlichkeit in der Welt. So, wie der Schein der Kerzen meine Engelkapelle aus einem kitschigen Ensemble in eine herzwärmende Engelsmusik verwandeln hilft, die mich von Herzen fröhlich stimmt.

Auf solche Gedanken kann man kommen, wenn man länger auf die kleinen Musikanten schaut – und wenn man sie, wie ich, von seinen Eltern übernommen hat –, dass diese erzgebirgischen Figuren eben nicht nur kommerzieller Kitsch, Verniedlichung von etwas unendlich Hohem, sondern ein in aller irdischen Beschränktheit doch gleichnisfähiges, gleichsam durchsichtiges Weihnachtsvergnügen sind.

Aber wahrscheinlich ist es besser, wenn wir im nächsten Jahr noch ein paar weitere Streicher dazustellen, damit die vielen, vielen blasenden Engel eine schöne Grundlage bekommen.

Anhang: Hochzeit

Irgendwann nach 2019 wollen Ewa Agneza und Szymon Siuda mit Hochzeiten Geld verdienen. Das hat mit ihrem Lebenstraum zu tun. Den haben sie sich 2014 erfüllt und ein Schloss gekauft. Ich lernte es in einem Urlaub kennen, als ich mit dem Rad durch das frühere Ostbrandenburg fuhr, das heute in Polen liegt. Fünf Kilometer südlich von Crossen an der Oder, dem Geburtsort des Dichters Klabund, stieß ich im Dorf Briesnitz, das jetzt Brzeznica heißt, auf ein wunderschönes Quartier: An einer Schleife des Bober, eines Nebenflusses der Oder, lag in einem malerischen früheren Park ein verwunschenes Schloss. Übernachten konnte man mit allem Komfort in Appartements im früheren Futterhaus. Und mit den Vorräten im Kühlschrank und der nagelneuen Küchenzeile ein Abendessen zaubern.

Das Schloss selbst ist noch nicht renoviert. Aber es hat die Jahrzehnte nach dem Zweiten Weltkrieg glimpflich überstanden – als Quartier der Roten Armee und als Fürsorgeheim. 2014 haben Ewa und Szymon das Gut samt dem Palästchen beim Kreisamt Crossen ersteigert und zuerst die Appartements eingerichtet. Und sofort auf einem Reisebuchungsportal Bestnoten bekommen. Wer es ausprobieren will, suche im Internet nach „Palac Brzeznica“. Und wer etwas über das Gut Briesnitz vor dem Zweiten Weltkrieg weiß – die beiden sind auf der Suche nach Informationen.

Jetzt warten sie auf Mittel der EU, um eine Schreinerei und eine Brauerei zu eröffnen. Wenn die stehen, wird das Schloss in Angriff genommen.

Vorher – deshalb erzähle ich die Geschichte – soll in der Scheune ein Hochzeitssaal entstehen. Der Wunsch nach einer Feier an einer unvergesslichen Location ist weit verbreitet. Und das verwunschene Schloss liegt nur 150 Kilometer östlich von Berlin und wartet auf seine Entdeckung. Mein nächstes Buch könnte ebenfalls da das Licht der Welt erblicken.

Leute heiraten heute da, wo ihre Leidenschaft liegt: Taucher unter Wasser, Stuntmen und -women auf Brückenpfeilern oder beim Fallschirmsprung. Da ist Schloss Briesnitz eine entspannte, zauberhafte Alternative.

Eine Hochzeitsfeier ist für die Beteiligten wichtiger als alle wiederkehrenden Feste. Deshalb gehört sie in dieses Buch. Die Hochzeit steht hier stellvertretend für alle Feste, die von keiner Kirche und von keinem Staat vorgegeben sind.

Margot Käßmann nannte solche Feste in einer Predigt im Berliner Dom Gipfelerfahrungen: „Heirat ist für viele der schönste Tag im Leben. Manches Paar versucht das heute zu strecken: in einem Jahr die Verlobung, in einem die standesamtliche Trauung, im nächsten die kirchliche und ein Jahr später die Hochzeitsreise.“ Aber irgendwann, sagte sie, kommt der Abstieg in den Alltag. Manche Ehe zerbricht dran.

Doch davon soll hier nicht die Rede sein. Sondern von einer gestreckten Eheschließung. Und zwei Gipfelerlebnissen. Es sind die von Hans Leyendecker, dem Journalisten und Präsidenten des Evangelischen Kirchentages 2019 in Dortmund, und seiner Frau. Zwischen ihrer standesamtlichen und der kirchlichen Trauung lagen 36 Jahre. Das muss man ihnen (erst einmal) nachmachen. Und nach 36 Jahren das Fest noch einmal auflegen.

Hans Leyendecker und seine Frau haben ihre kirchliche Feier im Blick behalten, obwohl oder weil sie bei der Eheschließung nicht denkbar war. Der Grund, aus dem sie ihre Ehe am Beginn nicht feiern konnten, hieß in den Kirchen lange das „Mischehenproblem“ und war eigentlich nicht vorgesehen. 1970, zwei Jahre bevor der damalige Katholik Hans Leyendecker heiratete, warnte Papst Paul VI. eindringlich vor einer Mischehe mit einem Partner einer anderen Konfession: „Sie trägt in die lebendige Zelle der Kirche, wie die christliche Familie mit Recht genannt wird, eine gewisse Spaltung hinein.“

Aber zugleich – und das war neu – bekräftigte Papst Paul VI. das Recht auch der Katholiken auf die freie Wahl eines Ehepartners. Das folgte aus den Beschlüssen des Zweiten Vatikanischen Konzils. Das Konzil hatte zum einen eine positivere Sicht auf andere Kirchen gewonnen, zum anderen die Gewissensfreiheit bejaht. Mit Konsequenzen für das katholische Eheverständnis: Paul VI. hob 1970 alle Strafen auf für Katholiken, die einen nichtkatholischen Christen heirateten. Bis dahin wurden sie aus der Kirche ausgeschlossen, übrigens auch dann, wenn ihre Ehe vor einem nichtkatholischen Pfarrer geschlossen wurde.

Später begannen die Beteiligten das Mischverhältnis „konfessionsverbindende Ehe“ zu nennen. Die Kirchen folgten ihnen zögerlich. Inzwischen haben die ökumenischen Ehepartner einen eigenen Verband, national und weltweit. Und viele Menschen handeln, wie sie es mit ihrem Gewissen vereinbaren können. Die Kirche gerät in die Defensive.

„In der Regel kein Problem“, sagt heute das Portal „katholisch.de“ der Deutschen Bischofskonferenz zur Ehe mit einem Partner aus einer anderen Kirche. Ein Katholik braucht aber eine Erlaubnis von seinem Pfarrer.

Und, auch wenn viele das meinen: eine ökumenische Trauung gibt es nicht. Fast nicht. Nur in Baden haben die Kirchen eine Liturgie vereinbart, die allen Ansprüchen genügt. Ansonsten gilt, dass die katholische Kirche nur eine katholische Trauung vollzieht. Ein Geistlicher einer anderen Kirche kann aber assistieren. Weil das so ist, gilt dasselbe bei Protestanten.

Es bleiben praktische Fragen: Wohin zum Gottesdienst

gehen und zum Abendmahl oder zur Eucharistie, wo werden die Kinder getauft? Für die evangelische Kirche ist wichtig, dass Menschen in einer Kirche Heimat haben, gleich in welcher. Die katholische Kirche macht deutlich, dass das alles am besten unter ihrem Dach passiert. Jahrzehntelang hat sie sich gegen eine Zulassung evangelischer Ehepartner zur Eucharistie gesperrt.

Doch im Frühjahr 2018 gingen die katholischen Bischöfe einen Schritt auf die Partner zu. Zwei Jahre zuvor hatte ihnen Papst Franziskus nach einer Familiensynode die Möglichkeit eingeräumt, eigene Regelungen zu treffen. Davon haben sie jetzt Gebrauch gemacht. Theologen weisen schon seit Langem auf die Möglichkeit hin. Doch früher wurden Bischöfe gemaßregelt, wenn sie sie ergriffen. Der Codex Iuris Canonici, das Gesetzbuch der katholischen Kirche, lässt Ausnahmen zu, wenn ein „schwerwiegendes geistliches Bedürfnis" vorliegt. Die Partner müssen mit einem katholischen Seelsorger sprechen. Wenn sie beide den „katholischen Eucharistieglauben" bejahen, kann der evangelische Partner ausnahmsweise an der Eucharistie teilnehmen. Es bleibt spannend, welcher Bischof das wie umsetzen wird.

In der damaligen Situation haben Hans Leyendecker und seine Frau ihren Weg gesucht und gefunden – und gewartet, bis sich freundliche Umstände ergeben haben. Wer je in einer ähnlichen Lage steckt, kann sich vielleicht Anregungen holen – und wenn er warten muss, bleibt die Vorfreude auf die Feier.

Vielleicht ist dann auch der Hochzeitssaal auf Schloss Briesnitz fertig.

Noch einmal Gottes Segen

HANS LEYENDECKER, *geboren 1949, ist einer der profiliertesten investigativen Journalisten in Deutschland. Er wurde zum Präsidenten des Evangelischen Kirchentages 2019 in Dortmund gewählt.*
Foto © DEKT-Kay Michalak

Beim Einzug in den Altenberger Dom, der auch der „Bergische Dom" genannt wird, spielten Bläser, die aus Bayern angereist waren, das Erweckungslied „Sonne der Gerechtigkeit". Danach folgte das Orgelvorspiel: die Toccata d-Moll, ein großes Orgelwerk, das Johann Sebastian Bach zugeschrieben wird. Der Chor sang später auch.

Im Altenberger Dom fand an diesem Tag, es war der 3. Mai 2008, eine Hochzeit statt.

Das Brautpaar waren meine Frau und ich. Sie 61 Jahre alt. Ich 58 Jahre alt. Wir waren zwar schon 36 Jahre standesamtlich verheiratet, baten dann aber noch einmal um Gottes Segen.

Ein bisschen ungewöhnlich war das schon. Das konnte man auch daran erkennen, dass nicht nur unsere fünf Kinder dabei waren, sondern auch sieben Enkel, die später Blumen streuten.

Die Festgemeinde bestand aus Familie, Weggefährten und Nachbarn. Die Bläser aus dem bayerischen Eichstätt beispielsweise waren uns sehr vertraut. Wir hatten im Mai 1972 in Eichstätt geheiratet.

An der Klais-Orgel saß ein Freund, der renommierte Kirchenmusiker Volker Hempfling. Der Chor setzte sich aus Freunden und Mitgliedern der Altenberger Domkantorei zusammen. Meine Frau und eine unserer Töchter sangen auch mit. Und der Pfarrer war Botho Kurth. Ein Mann mit einer kraftvollen Stimme. Er war viele Jahre Dompfarrer in Altenberg gewesen und 1995 in den Ruhestand gewechselt.

Ein Satz steht für sein Leben: „Ein Christ verbeugt sich vor niemandem, aber er beugt sich für jeden." Botho, der 2016 verstorben ist, und seine Frau Gerda gehörten quasi zur Familie. Er hatte einige unserer Kinder konfirmiert und die Enkel getauft. Egal, ob das Ereignis im Westen oder im Norden stattfand – Botho reiste mit seiner Frau an. Bei Hochzeiten der Kinder und auch bei Trauerfeiern war er da.

Und nun wünschte er uns in dem Dom mit dem so schönen und berühmten Westfenster Gottes Segen. Der Herr komme, um eine „zuvor erprobte Liebe zu segnen", sagte Botho mit seiner unverwechselbaren Stimme. Und er bat darum, dass Gott auch künftig die Hand über uns halten werde.

Zu den großen Festen, die es im Leben gibt, gehören ganz gewiss Hochzeiten. Für Christinnen und Christen ist das, in der Theorie jedenfalls, ganz einfach. In der Bibel wird die Ehe mal als „Gnadengabe" des Herrn bezeichnet und es findet sich die Stelle, dass „Jesus, der alles in sich versöhnt hat", „Ehe und Familie zu ihrer ursprünglichen Form" zurückführte. Christus hat sein öffentliches Wirken mit dem Zeichen von Kana begonnen, das er bei einer Hochzeitsfeier gewirkt hat. Er verwandelte Wasser in Wein, nachdem der ausging. (Eine Hochzeit konnte damals eine Woche dauern.)

Also darf man leicht irritiert sein, dass zwei Menschen, denen die Bibel immer nah war, erst 36 Jahre nach dem Ja im Standesamt auch kirchlich heiraten.

Das hat ein bisschen mit Lebensläufen und konfessionellen

Machtverhältnissen zu tun. Meine Frau ist Protestantin. Sie stammt aus Norddeutschland. Ich war Katholik und stamme aus dem Rheinland. In der Gegend, in der sie aufgewachsen war, hielt man Katholiken gewöhnlich für wenig ehrlich und Fronleichnam war so ein Tag, den man gar nicht verstand.

Im Rheinland ist man zwar tolerant, aber mit Karfreitag hat mancher ein Problem. In meiner Schule waren Katholiken und Protestanten nicht nur in den Pausen getrennt. Und meine Mutter, die aus der hohen Rhön stammt, war streng katholisch. Ein paar Jahre habe ich in den Sechzigerjahren in einem katholischen Internat, dem Marianum zu Fulda, zugebracht, und es gab auch schon eine Tante, die für den Fall, dass ich katholischer Priester würde (was ich mal vorhatte), Haushälterin sein wollte.

Und dann waren meine Frau und ich in Eichstätt gelandet. Meine erste Station als Journalist nach dem Volontariat. Eichstätt ist sehr katholisch. Mit vielen katholischen Kirchen, einem katholischen Bischof und einer katholischen Universität. Die katholische Kirche hatte für die Heirat eines Katholiken mit einer bekennenden Protestantin überhaupt kein Verständnis und meine Frau hätte sich nie von einem katholischen Prieser trauen lassen.

Deshalb schafften wir es 1972 nur bis zum Standesamt.

Und dann kam der Alltag. In dem berühmten Hymnus von Paulus steht zwar, dass die Liebe alles erträgt, alles glaubt, alles hofft und allem standhält, aber für eine kirchliche Hochzeit danach reichte zunächst unsere Fantasie nicht. Ich blieb Katholik und ging mit Frau und Kindern meist in den evangelischen Gottestdienst. Nur ganz selten noch war ich bei den Katholiken, obwohl ich manche Riten und auch die Volksfrömmigkeit der Katholiken mag. Alles Renegatenhafte ist mir fremd.

Natürlich wurden die Kinder evangelisch getauft und konfirmiert. Mir gefiel die Freiheit der Protestanten weit mehr als die katholische Enge, die ich damals stark empfand. Ich war überzeugter Protestant und ließ mich weiter zu den Katholiken zählen.

So sind meine Frau und ich beispielsweise seit 1975 auf den Deutschen Evangelischen Kirchentagen unterwegs. Aber wegen der Mutter und auch sonst wechselte ich damals zunächst nicht die Konfession. Es schien mir als Christ auch nicht so dringend. Nachdem wir wieder ins Rheinland gewechselt waren, wurde der Altenberger Dom unsere Hauskirche. Wir haben sogar für unser Haus ein Grundstück gesucht, das nicht weit vom Dom sein durfte.

Ein beeindruckender Bau mit einer langen Geschichte: Aufgrund einer Kabinettsorder des preußischen Königs Friedrich Wilhelm IV. dient der Dom den Katholiken und den Protestanten seit 1857 als Simultankirche.

Der evangelischen Kirchengemeinde steht der Dom von 8 Uhr bis 10 Uhr und von 13.30 Uhr bis 15.30 Uhr zur Verfügung. Vier Stunden also. Die restliche Zeit gehört den Katholiken. Es gab schon mal Streit, ob und wie lange die Kantorei der Protestanten über die festgelegten Gottesdienstzeiten hinaus proben durfte und auch übers Orgelspiel wurde viel diskutiert. Zwar hat die NRW-Landesregierung vor gut sechzig Jahren den „völligen Simultangebrauch der Kirche“ betont, aber ich kenne eine Menge Katholiken, die den Dom als ihren Dom sehen und die Protestanten für Gäste halten.

Die Ökumene in Deutschland kommt voran, aber wenn man mittenmang ist, kann sie in den Kleinigkeiten (und auch bei ein paar größeren Sachen) schon mal schwierig sein. Das ist übrigens ein bisschen so wie bei der Ehe und all den Aufs und Abs, die es im dornigen Gestrüpp des Alltags gibt. Mit aller Leidenschaft und aller Emotion, der ich fähig bin, bin ich Fußball-Fan. Seit 62 Jahren schlägt mein Herz für Borussia Dortmund. Mit der Ehe ist es so wie mit dem BVB. Der Reiz liegt auch darin, dass man trotz aller Hoffnung vorher nicht genau weiß, wie es nachher ausgehen wird.

Bei mir ist es, was die Ehe angeht, gut ausgegangen. Ich hatte in jeder Hinsicht Glück, dass ich an diese entschiedene Protestantin geraten bin.

Planungen, was die Heirat anging, gab es lange: Dann stand endlich fest, dass wir 2008 im Dom heiraten würden. (Ich war immer noch Katholik und bin erst später konvertiert.)

Es war klar, dass es nur einen Pfarrer geben konnte: den Protestanten Botho Kurth. Und natürlich musste die Feier im Altenberger Dom sein. Übrigens sind wir in der katholischen Zeit getraut worden. Man hat uns gelassen.

Botho Kurth predigte über das Geheimnis des Glaubens, es gab viel von Hanns Dieter Hüsch zu hören, dessen Texte meine Frau und ich sehr schätzen. Unsere Kinder machten die Fürbitten und das Orgelnachspiel von Volker Hempfling war brillant. Auf der Wiese neben dem Dom wurde dann von den Kindern die Vogelhochzeit aufgeführt. Insgesamt dauerte das Fest zwei Tage.

Die Kinder traten abends in Kostümen als Brautpaare auf und machten natürlich den Familientest, den Kinder, auch wenn sie schon fast vierzig sind, offenbar mögen. Eine der Fragen ist mir in Erinnerung geblieben: Was hat Papa Mama zum ersten Hochzeitstag geschenkt? Ich antwortete unoriginell: „Rosen." Meine Frau sagte: „Nichts."

Ich weiß nicht mehr, wie es wirklich war.

„Und all die Zweifel, die wir haben, möge er in herzhaftes Gelächter verwandeln und unsere Bosheiten in viele kleine Witze auflösen", hat Hüsch mal geschrieben.

Einer der Höhepunkte des Fests war dann an einem der beiden Abende der Auftritt des rheinischen Kabaretts „Klüngelbeutel" bei uns zu Hause im Wohnzimmer. Den „Klüngelbeutel", der im Reformationsjahr mit der Satire „Djihad in

Wittenberg" war, gibt es mittlerweile schon seit 28 Jahren, was nicht nur für Kabarettisten eine lange Zeit ist.

Die Sozialpädagogin Ulrike Behmenburg, ihr Mann Wolfram, der in Köln-Weiden Pfarrer ist, der Pfarrer Walter Kunz aus Porz-Wahnheide und der Schauspieler und Regisseur Joschi Vogel gehören zur Stammbesetzung. Sie waren auch bei uns. Die Bühne war im Wohnzimmer aufgebaut. Der Raum war wirklich dicht besetzt. Ulrike Behmenburg spielte in einem der wunderbaren Stücke die Telefonistin der „Servicestelle für Glaubensreklamationen". Es wurde viel gelacht. Auch ging es um die Transsubstantation und andere Lehren. Insgesamt war es ein großer Spaß.

Und das Schönste, zehn Jahre danach: 2018 ist nicht nur der 46., sondern auch der zehnte Hochzeitstag und es ist so geblieben, wie es schon in Matthäus 19,6 steht: „Was nun Gott zusammengefügt hat, das soll der Mensch nicht scheiden."

Es ist ein Geschenk zu erleben, dass das, was wir glauben und hoffen, auch trägt. In guten und in schlechten Zeichen.